# 수학 전쟁에서 승리하기

Martin Abbott, Duane Baker, Karen Smith, Thomas Trzyna 지음
박성선 옮김

KYOWOOSA 교우사

# 역자 서문

최근 우리나라 수학교육에서 자주 등장하는 화두 중 하나는 수포자일 것이다. 이는 우리나라 수학교육이 대부분의 학생들에게 수학에 대하여 좌절감을 안겨주고 있으며, 많은 학생들이 수학교육에서 실패하고 있다는 것을 방증하는 것이다. 이처럼 많은 학생들이 수학교육에 좌절감을 갖고 실패를 경험하는 원인에는 여러 가지 요인이 있을 것이다. 치열한 대학입시위주의 수학교육, 지나친 사교육으로 인한 공교육 붕괴, 성적에 따른 석차 매기기, 재미없는 수학수업 등 이러한 문제점을 해결하기 위하여 교육 당국이나 수학교육계에서는 여러 가지 노력을 하고 있다. 학생들에게 수학학습에 흥미를 유발하기 위하여 수학교과서에 스토리텔링을 도입하거나, 학생들의 참여와 수학적 과정을 중시하기 위하여 전통주의적 수학수업에서 구성주의적 수학수업으로 전환하거나, 계산에 대한 부담을 덜어주기 위하여 수학수업에 계산기 사용을 허용하는 등의 노력이 그것이다.

그러나 수학교육에 대한 여러 가지 노력과 시도에 대하여 모든 사람들이 동의하는 것은 아니다. 여기에는 찬성과 반대의 의견이 대립하고 있다. 특히, 수학수업에서 계산기를 사용하는 것에 대해서는 찬반 논란이 팽팽하다. 계산기 사용을 찬성하는 쪽에서는 계산기를 사용하면 학생들이 지루하고 복잡한 계산에 대한 부담을 덜어주기 때문에 수학수업에서 중요하게 다루어야 할 수학적 개념이나 원리에 집중할 수 있으며, 수학에 대하여 더 많은 흥미를 갖게 할 것이라고 주장한다. 그러나 반대쪽에서는 지필계산도 수학에서 매우 중요한 일부이며 복잡한 계산을 하다 보면 수학적 사고력도 길러지기 때문에, 계산기에 계산을 맡겨 계산에 소홀히 하는 것은 문제가 있다는 주장이다.

이처럼 수학교육과 관련하여 여러 가지 상반된 주장들이 있다. 양쪽 진영의 주장이 첨예하게 대립하기 때문에, 이들 사이에 진행되고 있는 주장을 '수학전쟁'으로 표현하고 있다. 수학전쟁의 한쪽 진영은 NCTM이 주장하는 구성주의적 수업과 계산기 사용을 적극 지지하는 반면, 다른 진영은 전통주의적 수업과 계산기의 사용에 반대하고 있다. 우리는 어느 쪽을 지지해야 하는가? 더 나아가 이러한 수학전쟁에서 승리하기 위하여 어떻게 해야 하는가? 이 책은 이 질문에 대하여 나름대로 답을 제시하고 있다.

'수학전쟁에서 승리하기'는 'Winning the Math Wars'를 번역한 책으로서, 워싱턴주, 미국 그리고 국제적으로 논의된 수학교육에 대한 논쟁을 집중적으로 연구한 결과물이다. 워싱턴주 학교연구센터School Research Center(WSRC)에 소속되어 있는 저자들은, 이 책에서 최근의 문헌과 연구결과를 분석하였으며, 수학교육에 대하여 다양한 견해를 가진 전문가들의 의견을 수렴하였고, 수학교육을 개선하기 위해 개발된 여러 교육과정을 비교·분석하였다. 또한 미국, 워싱턴주 등 전 세계에서 진행되고 있는 수학교육 개혁에 대해서도 기술하였으며, 새로운 정책이나 지원이 필요한 부분에 대해서도 언급하였다.

이 책의 저자들은 전통적 수학교육이나 구성주의적 수학교육의 어느 한쪽도 지지하지 않는다. 수학 교육과정이 전통주의, 개혁주의, 구성주의, 또는 민속수학 중 어느 관점을 기반으로 하던 간에, 교육과정에 대한 논쟁보다는 수학교사들이 좀 더 효과적으로 가르칠 수 있는 지원책 및 교육에 대한 논의가 우선되어야 한다는 관점을 제시하고 있다.

이 책에서 논의하고 있는 수학교육 상황은 우리나라의 상황이 아닐 수 있다. 그렇지만 이를 살펴봄으로써 우리나라 수학교육의 상황과 문제점을 파악할 수 있을 것이며 이를 바탕으로 수학교육 개선 방안을 모색할 수 있을 것이다. 참고로 이 책을 읽기 전에 본 역자가 번역한 '수학전쟁(2008)'을 읽어 보는 것이 도움이 될 것이다.

이 책을 번역하는 과정에서 어려웠던 점은 미국의 교육 제도나 상황을 이해하는 것이었다. 이를 위하여 교육 관련 단체나 기관의 웹사이트를 자세하게 살펴보았으며 미국 교육의 상황을 잘 알고 있는 분들에게 자문을 구하였다. 또한 번역하는 과정에 도움을 준 모든 분들께 감사드린다.

2016년 6월

옮긴이 박성선

# 차례

## [약어 정리]

| | |
|---|---|
| ACME | Advisory Committee on Mathematics Education(UK)<br>수학교육자문위원회 |
| AFT | American Federation of Teachers<br>미국교사연맹 |
| AYP | Adequate Yearly Progress<br>연간성적향상도 |
| CGI | Cognitively Guided Instruction<br>인지적으로 안내된 수업 |
| EPI | Economic Policy Institute<br>경제정책연구원 |
| EWU | Eastern Washington University<br>이스턴워싱턴대학교 |
| FIMS | First International Mathematics Study<br>1차 국제수학성취도연구 |
| IAEEA | International Association for the Evaluation of Education Achievement<br>국제교육성취도평가협회 |
| MIERI | Mass Insight Education and Research Institute<br>매사추세츠 통찰력연구소 |
| MEC | Mathematics Education Collaborative<br>수학교육협의체 |
| MSP | Math－Science Partnerships<br>수학－과학 파트너십 |
| NAEP | National Assessment of Educational Progress<br>국가학업성취도평가 |

| | |
|---|---|
| NCATE | National Council for Accreditation of Teacher Education<br>미국교사교육인가위원회 |
| NCES | National Center for Education Statistics<br>미국교육통계센터 |
| NCLB | No Child Left Behind<br>낙오학생방지법 |
| NCTM | National Council of Teachers of Mathematics<br>미국수학교사협의회 |
| NMAP | National Mathematics Advisory Panel<br>국가수학자문위원회 |
| NRC | National Research Council<br>미국연구재단 |
| NSF | National Science Foundation<br>미국과학재단 |
| OECD | Organization for Economic Cooperation and Development<br>국제협력개발기구 |
| OSPI | Office of Superintendent of Public Instruction<br>공립학교교육감사무국 |
| PISA | Program for International Student Achievement<br>국제학업성취도평가 |
| PLC | Professional Learning Communities<br>전문성개발 커뮤니티 |
| PRiSSM | Partership for Reform in Secondary Science and Mathematics<br>중등과학·수학개혁을 위한 파트너십 |
| RME | Realistic Mathematics Education<br>현실적 수학교육 |

| | |
|---|---|
| SIMS | Second International Mathematics Study |
| | 2차 국제수학성취도연구 |
| TIMSS | Third International Mathematics and Science Study |
| | 3차 국제수학·과학성취도연구 |
| WACTE | Association of Colledges for Teacher Education |
| | 워싱턴주 교원양성대학협의회 |
| WASL | Washington Assessment of Student Learning |
| | 워싱턴주 학업성취도평가 |
| WSLS | Washington State Learning Standards |
| | 워싱턴주 학습 규준 |
| WSRC | Washington School Research Center |
| | 워싱턴주 학교연구센터 |
| WSU | Washington State University |
| | 워싱턴주립대학교 |

# 서론

한 학생이 수학과 과학에 매우 흥미가 있었는데도 불구하고 이렇게 말하였다. "고등학교 기하 수업은 내 생애에서 가장 지루한 수업이었습니다." 또한 자신의 고등학교 수학수업을 회상하면서, 그때의 학습 경험이 대학에서 수강할 과목을 선정할 때뿐만 아니라, 수학 학습 전반에 대하여 부정적으로 영향을 주었다고 말하였다. 이제 대학교를 졸업한 그는 다른 방식으로 수학을 배웠더라면 자신의 장래가 달라졌을지도 모른다는 생각을 갖게 되었다. "우리는 수학공식과 증명과정을 그냥 외웠습니다. 만일 선생님께서 나를 교실 밖으로 데리고 나가서 '한 각을 알면 두 점까지의 거리를 구할 수 있다는 것'을 실제로 보여주었더라면, 나는 그러한 기하 문제를 해결하는 데 훨씬 더 적극적으로 참여했을 것이고, 그랬다면 기하학을 발견 가능성이 있는 과목으로 생각했을 것입니다."

이 이야기는 특정한 사람에게만 해당되는 사례가 아니다. 이 책을 읽고 있는 여러분 모두 수학수업에 대하여 이와 비슷한 이야기를 여러 번 들었을 것이다. 어떤 학생이 기하를 학습하는지 못하는 데는 여러 가지 요인들이 작용하겠지만, 그 학생이 기하 과목에 참여하는 정도 및 기하 학습에 대한 전반적인 학습 태도와 분명히 관련이 있을 것이다.

그러나 수학학습에는 개인의 '내적 요인'뿐만 아니라 '외적 요인'도 작용하고 있다는 점을 고려해야 한다. 학습은 학생 자신의 동기부여 및 능력과 관련이 있을 뿐만 아니라, 적용된 수업 방식, 교육과정, 학습 환경, 지역 교육청의 교육 정책 등과도 관련이 있다. 예를 들어, 교사가 더 많은 관심을 갖고 학생들을 가르친다면, 여러 가지 문제점들이 해결될 수 있다고 주장할 수 있다(이것은 강력하게 그리고 지속적으로 주장되어 왔다). 그러나 여기에도 '내적 요인과 외적 요인'이 역동적으로 작용한다. 교사가 수학학습에 더 많은 관심을 갖고 가르치는지 그렇지 않은지의 문제는 교사 자신의 내적 동기부여뿐만 아니라 다른 외적 요인들과도 관련이 있다. 즉, 교사의 전문성 개발은 제대로 이루어지고 있는가? 수학교사는 학생들과 적절하게 상호작용하는가? 지역 교육청의 교육 정책은 수학수업을 지원하기 위한 적절한 지원 체계를 갖고 있는가? 연구자, 현직교사, 교육 전문가, 학부모 그리고 정책 입안자들은 학생들의 수학학습에 긍정적인 영향을 주기 위해서 그런 외적 요인들이 어떻게 변해야 하는지에 대하여 나름대로 의견을 제시하고 있다. 그러나 이들 개인 또는 각 단체들은 매우 공격적으로 서로 다른 의견을 제시하기 때문에 대립하기도 한다. 누가 옳고 누가 그른가?

이 책의 대전제 중 하나는 교사의 역할이 가장 중요하다는 것이다. 이 주장은 이전의 많은 연구들에서도 제기되었던 것이다. 교사들은 학습에 대한 준비도와 수준이 서로 다른 학생들을 가르쳐야 하는 어려움에 처해 있으며, 교실에서 유의미한 학습 경험을 제공하려고 노력하지만 학교 여건 및 제도 등으로 인하여 그렇게 하지 못하는 경우도 있다. 그래서 본 저자들은 현재 제기되고 있는 교육 개혁의 요소들을 설명하고, 그것이 어쩌면 수학교사들을 낙오시키게 할 가능성이 있다는 점을 지적하려고 한다. 또한, 교사들에게 수학교육의 개선을 요구하되, 그것이 제대로 이루어질 수 있도록 적절한 지원이 필요하다는 점을 강조하고자 한다.

# 네 가지 핵심 관점

연구를 수행하는 과정에서 우리는 수학교육 개혁의 본질과 학생들의 학업성취도에 영향을 줄 수 있는 몇 가지 요인들을 발견하였다. 우리의 발견이 전혀 새로운 것은 아니지만, 수학 교수·학습을 어떻게 개선할 것인지에 대한 논쟁을 해결할 수 있는 새로운 방향을 제공할 수는 있을 것이다.

## 개혁적 노력의 충실성

개혁적 교육제도에 부합하는 방향으로 수업을 전환하는 데 필요한 지원이 교사들에게 충분히 이루어지지 않았기 때문에, 개혁적 노력은 학생들의 학업성취도를 개선하지 못하였다.

개혁을 위한 노력이 충실히 이행되지 않았기 때문에, 학생들의 수학성취도만을 보고 개혁을 위한 노력의 가치를 판단할 수 없다. 교사들은 개혁 교육과정의 수학적 관점과 교육학적 관점을 이해하거나 가르치는 방법을 변화시키는 데 필요한 충분한 지원을 받지 못하였기 때문에, 개혁을 위한 노력은 성공하지 못하였다. 다시 말해, 개혁적 노력은 매우 세련되고 정교하게 설계되었지만, 그것을 실현하기 위한 수단이 부족했기 때문에 실패한 것이다. 여기에는 두 가지 측면에서 그 문제점을 찾을 수 있다. 첫째, 개혁적 노력이 성공하기 위해서는 일반적으로 교수·학습에 대한 접근 방법에 있어서 변화가 요구된다. 지금까지는 적절한 정보와 자원이 부족했기 때문에, 학교 당국과 교사들은 개혁적인 것들을 추구하기 보다는 그동안 해왔던 것으로 다시 돌아가는 경향이 있었다. 두 번째 문제점은 지원과 관련이 있다. 개혁적 노력은 모든 분야에 걸쳐서 전반적으로 이루어졌는가? 시스템의 어느 한 부분을 변화시키는 것이 도움이 되기도 하지만, 전체 시스템이 변하지 않는다면 부분적인 노력은 효과적이지 않을 수 있다. 솔직히 말해서, 학생들의 학업성취도 결과를 기준으로 삼아 특정 교과서나 수업 방법의 성패를 판단할 수는 없다. 왜냐하면, 실제 수업이 이루어지는 교실은 문이 닫힌 채 개혁적 노력이 거의 반영되지 않았기 때문이다.

## 수업에 초점을 두기

교육 개혁을 위해서는 세 가지 필수 요소,
즉 교육과정, 수업, 평가 사이에 조화가 필요하다.

대체로 수학교육 개혁은 실제 수업을 배제한 채, 교육과정과 평가의 관점에서 추진되었다. 수업 방법 자체를 근본적으로 바꾸기보다는 새로운 교육과정을 개발하고 새로운 평가 방법을 도입하는 것이 훨씬 더 쉬울 수 있다. 물론, 이들 중 어느 것도 쉽지는 않다. 이 세 가지 관련된 요소들 중 어느 한 가지를 무시한다면 개혁을 위한 노력은 힘을 잃게 될 것이다. 그러나 교사가 자신의 수업 방법을 새롭게 바꾸는 것은 훨씬 더 어렵다. 개혁적 노력에서 수업을 배제한다는 것은 교사가 교과에 대한 지식뿐만 아니라, 학생들과 효과적으로 의사소통하는 능력에 관심을 갖지 않는다는 것을 의미한다. 반면에, 교사들에게 '훌륭한' 교육과정을 제공하고 평가 기준에 따른 교육적 책무성을 강조한다면, 교사들이 참신한 수업 방법으로 수업을 진행할 것이며, 나아가 수학을 이해하고 가르치는 능력이 자연스럽게 향상될 것이라고 주장하는 개혁주의자들도 있다.

## 수학적 지식

수학적 지식은 성공적인 개혁을 위해서 필수적이다.

수학교육을 개혁하기 위해서는 적절하고 효과적인 평가가 수반된 양질의 교육과정도 필요하지만, 교사들 또한 수학을 철저하게 알아야 하며 수학적 아이디어를 전달하는 탁월한 능력을 갖고 있어야 한다. 연구에 따르면, 초등학교에서는 수학에 대한 기본적인 이해가 충실히 이루어져야 하는데 많은 초등학교 교사들이 수학을 충분히 알지 못하며 어떤 경우에는 수학을 싫어하는 것으로 나타났다. 따라서 스티글러와 히버트Stigler and Hiebert(1999) 그리고 다른 연구자들이 수년 동안 주장해왔듯이, 교사의 수학적 지식 향상을 위한 노력은 매우 중요하다. 그러나 교사가 수학을 잘 아는 것만으로는 충분하지 않다. 왜냐하면 볼Ball et al.(2007)과 마Ma(1999)가 지적했듯이, 수학을 가르치기 위해서는 추상화된 수학적 개념을 학생들과 함께 의사소통할 수 있는 특별한 기능이 요구된다. 연구자들도 훌륭한 수학교사들이 어떻게 수업을 진행하는지에 대해서 논의하기 시작하였다. 즉, 교사가 추상적인 수학적 개념에 대하여 어떻게 이야기하는지, 학생들의 질문에 대하여 어떻게 반응하는지, 학생들의 잘못된 이해를 어떻게 처리하는지, 학생들이 수학을 학습하는 데 도움을 주기 위하여 다양한 예들과 수업 기법을 어떻게 사용하는지에 대하여 주목하기 시작하였다.

## 변혁적 변화

교사가 교사로서의 책무와 자기 자신에 대한 생각이 변화함에 따라,
체계적이고 유의미한 교육 개혁이 지속적으로 일어날 수 있다.
또한 교사들이 이러한 변화에 머뭇거리기보다는
적극적으로 참여하게 할 수 있는 지원 체계가 마련되어야 한다.

개혁의 네 번째 관점인 변혁적 변화는 앞에서 제시한 세 가지 관점과 밀접하게 관련되어 있다. 일단 개혁을 위한 노력이 시작되면, 교사들을 위한 체계적이고 조직적인 지원이 필요하다(충실성). 이러한 지원을 통하여 교사들은 교육과정과 평가의 개선에만 의존하기 보다는 교수법을 개선하는데 초점을 둘 수 있다(수업에 초점두기). 그러나 실제적인 변화가 일어나기 위해서는 새로운 교수법과 더불어 수학에 대한 더 많은 지식이 필요하다(수학적 지식). 마지막으로, 교사들은 교수·학습에 대한 자신의 생각을 지속적으로 반성하고 개선해야 하며, 지역 교육청에서도 교수·학습을 위한 지원 체계를 지속적으로 재평가하고 개선해야만 한다.

이러한 변혁적 변화는 개인의 내적 변화와 제도상의 변화로 나누어 볼 수 있다. 두 가지 영역에서의 변화를 이해하기 위해서는 교육적 변화가 진행되는 과정을 살펴볼 필요가 있다. 유의미한 교육적 변화에 대하여 연구한 워싱턴주 학교연구센터Washington School Research Center, WSRC[1]에서는 '일차적 변화'를 유도하는 '이차적 변화'의 중

1) (역주) 워싱턴주 학교연구센터School Research center(WSRC)는 시애틀 퍼시픽대학교Seattle Pacific University 내에 있는 연구소로서 Bill & Melinda Gates 재단의 지원을 받아 2000년 6월에 설립되었다. 이 연구소 설립 목적은 공립학교 학생들의 학습에 대하여 연구를 수행하고,

요성을 강조하였다. 일차적 변화는 학생들의 학업성취도를 향상시키기 위하여 소규모 학급 운영과 같은 외적 요인들을 말하며, 이차적 변화는 학생들의 학습 경험을 질적으로 변화시키기 위하여 실제로 소집단 수업을 진행하거나 학생 개인별 정보를 활용하는 것이다. 따라서 일차적 변화 자체만으로는 교육적 개혁을 이끌어낼 수 없으며, 진정한 개혁은 일차적 변화가 성공한 다음에 이차적 변화가 이루어질 때 실현된다.[2)]

변혁적 변화가 이루어지려면, 수학교사들은 수학적 지식, 수학 교육과정, 수학수업의 목표를 해석하는 방식을 근본적으로 변화시켜야 한다(개인의 내적 변화). 일차적 변화와 이차적 변화의 관점에서 보면, 교사들은 개혁적 노력으로부터 발생한 일차적 변화를 기반으로 하여 이차적 변화, 즉 수학적 이해와 수학 교수·학습에 있어서의 변화를 진행해야 한다.

변혁적 변화의 두 번째 요소는 제도적 지원이다. 개인의 내적 변화가 교육제도 내에서 성공할 가능성이 없다면, 수학교육 개혁도 성공하지 못할 것이다. 이것은 개인의 '밖'에 존재하는 세상의 본질은 개인이 '안'에서 세상을 어떻게 바라보느냐에 따라 결정된다는 사회학적 원리로 설명될 수 있다. 수학교육의 개혁적 노력에 부응하여 수학교사들이 자신의 역할에 대하여 새로운 관점을 갖게 되더라도, 새로운 정체성을 가지고 살아남을 수 있다는 확신을 줄 수 있는 제도적

---

그 연구결과를 교육자, 정책입안자, 일반 대중들에게 제공하여 학교교육을 개선하는 데 도움을 주는 것이다.

2) 일차적 변화와 이차적 변화에 대한 자세한 설명은 Fouts(2003) 참조.

지원이 없다면 그들은 이전의 관점으로 다시 돌아갈 것이다. 또한 교사들에게 자신에 대하여 성찰하고 전문성을 개발할 수 있는 기회와 시간이 주어지지 않는다면, 교사들은 '새로운 생각'을 갖게 하는 기반을 마련할 수 없을 것이다.

## 연구 목적

우리는 전 세계, 미국, 워싱턴주의 여러 학자들과 전문가들이 발간한 방대한 양의 자료들을 살펴봄으로써 수학교육의 현 상태를 검토해 보기로 하였다. 우리의 일차적 결론은 UCLA의 제임스 스티글러James Stigler, 미시간대학교University of Michigan의 데보라 볼Deborah Ball, 스탠포드대학교의 리핑 마Liping Ma와 같은 학자들이 발표한 주장들과 일맥상통한다. 교육 분야의 연구자와 전문가로서, 우리는 수학교육, 교육평가, 교육정책 개발에 몸담고 있으며 이러한 경험을 바탕으로 이 연구를 수행하였다. 또한 우리는 열린 마음으로 여러 전문가들과 많은 의견을 교환하였다. 이 논의 과정에서 때로는 상반된 주장이 제기되거나 또는 매우 비판적인 의견이 제시되기도 하였다. 전 세계에 걸쳐서, 전통적인 방식을 옹호하는 사람들은 인공위성 스푸트닉Sputnik 발사 이후에 촉발된 새 수학New Math 운동으로부터 현재의 구성주의적 수학교육에 이르기까지 여러 가지 새로운 교육 방법을 추구하는 사람들과 논쟁을 벌여왔다. 최상의 교육과정과 교육목표에 대한 이러한 논쟁은 '민속수학ethnomathematics'의 등장으로 더욱 더 심화되었다. 이러한 논쟁에 대하여 잘 모르는 독자들은 이 책을 통하여 역사적 관점에서 세 가지 논쟁을 살펴볼 수 있을 것이다.

우리의 결론은 워싱턴주뿐만 아니라 미국의 다른 주를 대상으로 이루어진 수학교육 그리고 더 넓게는 교육 개혁에 대한 WSRC의 연구를 바탕으로 하고 있다. 우리의 연구 목적은 어느 한 교육과정이 다른 교육과정보다 우수하다고 판정하는 것이 아니다. 우리는 교사와 학생 사이의 기본적인 상호작용에 초점을 두고 있으며, 이 분야의 많은 학자들이 그랬듯이 수학을 잘 가르치기 위해서는 어떻게 해야 하는지에 대하여 묻고자 한다. 즉, 교사와 학생 사이에는 어떤 일이 발생하는가? 수학에 대하여 어떠한 지식을 갖고 있어야 하는가? 수학 수업에 대하여 교사는 어떤 특별한 지식을 갖고 있어야 하는가? 학생들은 수학문제에 정답을 제시하는 것 이외에 문제해결 기능과 같은 어떤 다른 것들을 학습해야 하는가?

## 책의 구성

우리의 논의는 어떤 특정한 교육과정이나 평가 방법보다는 교사에 초점을 두고 있다. 굳이 표현하자면, '낙오교사방지법(no teacher left behind)'이라고 할 수 있다. 결론 부분에서는 수학교사들의 수학적 능력을 향상시킬 수 있는 최상의 방법을 찾기 위한 후속 연구의 필요성을 제기하였다. 이를 위해서는 수학이 어떻게 학습되어야 하는지, 학생들과 어떻게 의사소통해야 하는지, 그리고 어떻게 의사소통을 성공적으로 이끌 수 있는지에 대하여 잘 이해하고 있는 훌륭한 교사들의 수업을 면밀히 검토하고 연구해야 한다.

수학교육을 변화시키고자 하는 노력은 전 세계적으로 모든 나라에서 광범위하게 이루어지고 있다. 그러나 변혁적 변화의 두 가지 요소를 이해하고 있는 교육자들은 그리 많지 않다. 즉, 아무리 훌륭한 교사교육이 이루어지고 혁신적이고 새로운 교육과정이 만들어지더라도, 교사가 수학을 해석하는 방식이 근본적으로 변화되지 않고, 실제 수업에서 새로운 방식이 실현될 수 있도록 하는 교육적 제도가 마련되지 않는다면 수학교육은 변화되지 않는다. 많은 개혁적 노력과 프로그램들을 통하여 교사 교육과 새로운 교육과정이 진행되었지만, 변혁적 변화에 소홀히 했기 때문에 대부분은 실패할 수밖에 없었다.

전 세계 및 미국에서 수행된 수학교육에 대한 연구들을 기초로 하여 앞에서 논의한 네 가지 원리를 검토하려고 한다. 아울러 워싱턴주에서 시도된 개혁적 노력을 한 예로 제시할 것이다. 이러한 주제들을 다루고 난 다음에는 수학교육에 유의미한 영향을 주었던 몇 가지 노력들을 소개할 것이다. 이 노력들이 그 자체로는 충분하지 않지만, 각각의 노력들은 개혁의 서로 다른 단계에서 시도되었던 훌륭한 예이다.

제1장

# 전 세계는 무엇을 생각하고 있는가?

전 세계, 특히 미국 내 그리고 워싱턴주에서 진행되고 있는 수학교육에 대한 논쟁은 글로벌 경제의 등장으로 야기된 모든 이슈들의 축소판이라고 할 수 있다. 이러한 논쟁은 경제적·기술적 경쟁으로부터 촉발되었다. 또한 이 논쟁은 마치 냉전시대에 양쪽 진영이 치열하게 경쟁했던 것처럼, 특정 교육 이론이 다른 교육 이론보다 우월하다는 생각에서 출발하고 있다. 이 논쟁의 밑바닥을 살펴보면, 인종, 계층, 식민주의가 교육 정책에 지속적으로 영향을 미쳤음을 알 수 있다. 전 세계의 수학교사들은 학생들에게 복잡한 수학적 아이디어를 전달하려고 끊임없이 노력하고 있다. 하지만 이러한 노력에도 교사들은 그들 주변에서 일어나고 있는 이러한 논쟁의 중심에 놓여있으며, 새로운 교육과정이나 정책에 따라 그들의 수업 관행을 바꾸라는 요구에 직면해 있다.

모든 것들을 고려해보면, 전 세계의 수학교사들이 그렇게 잘못하고 있는 것 같지는 않다. 국가별 순위와 수준을 알아보기 위하여 수학성취도 국제비교연구가 이루어지고 있는데, 각종 통계치를 유심히 살펴보면 대부분 국가의 수학성취도는 양호한 것으로 나타났다. 물론,

모든 국가가 이보다 더 잘 할 수는 있을 것이다. 국가적으로 수학과 기술공학 분야에서 학사나 그 이상의 학위를 가진 졸업생을 더 많이 배출할 수 있다면, 그 국가는 지적으로나 경제적으로 중요한 인적 자원을 확보하는 것이다. 이러한 것들이 실현되기 위해서 해결해야 할 가장 중요한 이슈는 무엇인가? 이를 위하여 정책 입안자, 교사, 교육 전문가, 학부모, 일반 시민들이 시간과 자원을 가장 효과적으로 투자해야 할 부분은 어디인가?

스푸트니크 발사 이전부터 수학교육에 대한 우려의 목소리는 컸지만, 소련이 인공위성 발사에 성공하면서 서방 진영에서는 국가적 위기감을 느끼게 되었고, 이 사건은 수학교육에 대한 우려와 걱정이 고조되는 중요한 계기가 되었다. 이후로 뉴스 매체들은 수학성적이 떨어지고 있다고 보도하면서 새로운 수학교육 방법이 도입되어야 한다고 주장하였으며, 정부와 연구 단체들은 여러 가지 평가를 실시하고 그 결과를 발표하였다. 이로 인해 전 세계적으로 교육 시스템에 문제가 있다는 주장이 계속해서 제기되었다. 그렇지만 기술적 혁신과 발전의 속도는 더욱더 빨라지고 있다.

따라서 수학교육에 대한 전 세계적인 논쟁을 검토하기 위해서는 논쟁의 내용을 분류하고 분석하기 위한 질문들이 필요하다. 첫째, 잘못된 것은 무엇인가? 잘못된 교육 시스템으로 인하여 수학교육에 문제가 있었는가? 아니면, 다른 이유가 있는가? 둘째, 잘못된 것이 있다면 어떤 종류의 수학적 지식이 위기에 처해 있는가? 셋째, 그러한 수학적 지식을 통하여 달성될 수학교육의 목표는 무엇인가? 왜 수학은 중요한가? 수학자들을 배출해내는 국가적 역량은 어떤 가치가 있는가?

## 교육 시스템에 문제가 있는가?

우선 무엇이 잘되었고 무엇이 잘못되었는지를 평가할 수 있는 방법을 결정해야 할 필요가 있다. 한 가지 평가 기준으로 미시간대학교에서 발간한 최근 뉴스레터에서 찾을 수 있는데, 수학의 노벨상이라고 할 수 있는 필즈상[3)]과 아벨상[4)]을 수상한 미국인 수를 생각해 보는 것이다. 이 두 상의 수상자를 보면 미국인의 수가 많은데, 이것은 수학적 창의성의 수준을 나타내는 것으로 볼 수도 있다. 이 상들의 수상자 수는 수학적 창의성에 대한 지표가 될 수 있다는 점에서, 미국의 대학들은 수학적 우수성과 생산성의 측면에서 전 세계로부터 찬사를 받을 만하다. 미국 대학들의 비교적 개방적인 환경으로 인하여 학생들은 탐구를 통하여 학습할 수 있는 기회를 더 많이 가질 수 있다. 그러나 수학적 우수성을 이렇게 평가하는 방법은 엘리트주의라는 비판을 받는다. 다음 장들에서 제시하겠지만, 미국의 수학 교육은 소수의 엘리트를 교육하는 데 초점을 두기보다는 모든 학생들

3) (역주) 노벨상에는 수학 분야가 없다. 1924년 국제수학자회의에서 캐나다의 수학자 필드John Charles Fields, 1863-1932의 자금으로 최고의 수학자에게 주어지는 상이 제정되었다. 4년마다 국제수학자회의에서 최고의 공헌을 한 수학자 2명~4명에게 주어지는 영예로운 상이 '필즈상Fields Medal'이다. 1936년에 첫 수상자를 배출한 이후 2010년까지 수상자를 국가별로 보면, 미국(13명), 프랑스(11명), 러시아(9명), 영국(6명), 일본(3명)이며, 스웨덴, 이스라엘, 독일, 중국, 이탈리아, 벨기에, 베트남, 오스트레일리아, 뉴질랜드, 핀란드가 1명씩 수상자를 배출하였다.

4) (역주) 5차방정식의 불가해성을 증명한 노르웨이 수학자 아벨Niels Henrik Abel, 1802-1829의 탄생 200주년을 기념하여 제정된 상이 '아벨상Abel Prize'이다. 필즈상과 달리 나이 제한이 없으며 매년 수상자를 발표한다. 2003년부터 2014년까지 국가별 수상자는 미국(6명), 프랑스(2명), 러시아(2명), 스웨덴(1명), 영국(1명), 헝가리(1명), 벨기에(1명)이었다.

에게 수학을 학습할 기회를 부여하는 데 더 많은 초점을 두고 있다.

몇 가지 인구통계학적 지표에 따르면, 실제로 미국에서는 수학과 과학을 공부하는 학생들이 점점 증가하고 있다. 예를 들어, 2007 사이언스 데일리Science Daily에 의하면, 1930년대에는 29%만이 고등학교를 졸업했으며, 이들 중 물리학이나 수학과 밀접하게 관련된 과목을 수강한 학생들은 15%였다. 1970년에는 77%가 고등학교를 졸업했는데, 이들 중 물리학을 수강한 학생은 22%였다. 2000년 이후에, 물리학을 수강한 학생의 수는 31%로 증가했다. 이러한 통계치가 수학과 과학 교육이 위기에 처해 있다는 주장에 부합한다고 볼 수 있는가?

이와 반대로, 미국의 수학교육 역사에 관한 클라인David Klein의 기고문에는 대수학을 수강한 비율이 1909~1910년에 56.9%에서 1954~1955년에는 24.8%로 감소했음을 보이는 그래프가 포함되어 있다(Klein, 2003, p.6).

수학 분야에서 박사학위를 취득한 미국인의 수가 감소하고 있는데 반해, 미국 대학에서 수학 분야에서 박사학위를 취득한 외국인 학생들의 비율이 증가하고 있다는 또 다른 지표를 제시하는 사람도 있다. 이러한 지표는 미국이 중등 수준의 수학교육을 받은 학생들을 충분히 양성하지 못하고 있음을 나타내는 것인가? 또는 미국 대학들은 미국 연구의 질을 유지하고, 수학 과목을 수강하는 미국 학생들을 교육하기 위하여 전 세계의 뛰어난 학생들을 끌어 모으고 있는 것은 아닌가? 수학 분야에서 박사학위를 취득하는 미국인들이 많지 않다는 주장을 반박하기 위해서는 좀 더 타당한 분석이 필요하다. 즉, 컴퓨터 과학과 같이 새롭게 등장한 분야를 전공하는 학생들의 수를 고려해야만 할 것이다. 대체로 이 학생들은 수학적 능력과 논리적 기능이 뛰어나다.

미국이 수학 분야에서 뒤처지고 있다는 일부 미국인들의 우려에 대하여 또 다른 반대 의견이 제시될 수 있다. 국가별 박사학위 수, 특정한 성취도 검사에서 최고 점수, 또는 평균 점수(이 점수는 신문에서 가장 자주 인용되는 통계치이다)를 비교하여 어떤 국가의 국민이 가장 잘한다고 판단할 수는 없다. 최고 점수와 평균 점수를 비교하여 어떤 국가가 우수하다고 판단했을 때, 그 나라 학생들의 점수의 범위가 매우 크다면, 많은 학생들이 국가 교육과정을 제대로 이수하지 않았거나 실제로 점수가 낮을 수도 있을 것이다. 현재 미국의 교육 슬로건인 '낙오학생방지법no child left behind'은 어떤 학생이라도 극히 낮은 점수를 받아서는 안 된다는 것으로서, 수준에 따라 학생들을 편성하고 일부 학생들이 뒤처져도 무방하다는 관점을 갖고 있는 국가들에 비하여 미국의 평균 점수 및 최고 점수는 그렇게 낮지 않다.

수학교육이 위기에 처해 있다는 주장 및 증거에 대해서는 다른 측면에서도 의문을 제기할 수 있다. 수학 능력에 대한 국제성취도점수는 서로 다른 종류의 학생들을 비교하고 있다. 로트버그Iris Rotberg(1998)는 1995년 3차 국제수학·과학성취도연구Third International Mathematics and Science Study, TIMSS에 대하여 다음과 같이 썼다. "고급 수학 검사를 치른 학생들을 자세히 분석해 보면, 키프러스에서는 수학과 과학 과목의 마지막 학년에, 프랑스에서는 과학 과목의 마지막 학년에, 리투아니아에서는 수학과 과학 짐나지움의 마지막 학년에, 스웨덴에서는 과학이나 기술 아카데미의 마지막 학년에, 스위스에서는 과학 짐나지움의 마지막 학년에 속해 있었다."(p.1030) 이에 대하여 로트버그는 다음과 같이 주장하였다. "미국을 포함한 몇몇 국가의 학생들은 보통의 중등학교에 속해 있었다. 검사 대상인 학생 및 학교 수준에 따라 국가별로 차이가 있기 때문에, 국가별 순위를 타당하게 해석하는 것은 불가능하다."(Rotberg, n.d.) 로트버그의 주장을 요약하자면, 무선 표집으로 선발한 미국의 고등학교 학생들과 과학·수학 아카데미에서 선발한 스웨덴의 학생들을 비교하는 것은 미국 교육의 상대적인 위치를 파악하는 데 아무런 도움이 되지 못한다. 고도로 특성화된 유럽의 짐나지움에 대응하는 비교 집단으로는 뉴욕시의 수학영재고등학교, 뉴햄프셔주의 필립스 엑스터Phillips Exter 아카데미나 빌 게이츠Bill Gates의 모교인 레이크사이드Lakeside 스쿨 정도가 될 수 있을 것이다.

## 무엇이 위기인가?

논쟁의 중심에는 미국의 학교와 대학이 세계 경제를 이끌어갈 인재, 하이테크 기업과 연구소에 필요한 잘 훈련된 전문가들을 제대로 배출하지 못하고 있기 때문에, 그동안 누려왔던 경제적·군사적 우위를 유지할 수 없다는 두려움이 반영되어 있다. 이러한 점에서 수학·과학과 같은 특정한 분야의 학위 소지자에 대한 국가적 요구에 대응하기 위하여 어렸을 때부터 학생들을 선별하여 교육시켜야 한다는 주장이 대두되기도 하였다. 최근 영국의 수학교육은 이러한 종류의 선별 교육, 즉 능력별 교육과정 선택제로 복귀하고 있는데, 이것은 수학교육자문위원회Advisory Committee on Mathematics Education, ACME, 2004와 같은 영국의 교육 전문 단체로부터 큰 반발을 사고 있다. 영국의 새로운 수학교육 모델은 이전에 영국이 추진했던 능력별 학급편성 제도를 부활하려는 것으로 볼 수 있다. 블루칼라 직업을 준비하는 학생들은 낮은 수준의 수학 트랙을 선택하지만, 고급 수학을 필요로 하는 학위 과정을 준비하는 학생들은 더 높은 수준의 수학 트랙을 선택할 수 있다. 남아프리카는 학생들이 현대 사회를 살아가는 데 필요한 최소한의 '수학적 소양'에 초점을 두기 위하여 낮은 수준의 수학 트랙으로 옮겨가고 있는 국가 중 하나이다. 블래인Sue Blaine이 2005년 6월 비즈니스 데이Business Day에 투고한 바와 같이, 남아프리카의 낮은 수준의 새로운 교육과정은 소위 비즈니스 수학에 초점을 두고 있다.

미국의 고등교육제도는 세부적인 부분에 있어서 유럽과 많은 차이가 있다. 즉, 미국의 교육제도는 학생들을 어렸을 때부터 선별하거나 구분하지 않는다. 미국의 교육제도가 어떤 면에서는 비효율적일 수도 있겠지만, 학생들이 나중에 커서 자신의 능력을 늦게 발휘하거나 더 고급 수준의 일을 선택할 가능성을 열어두고 있다. 평등주의 대 선별적·엘리트주의에 대한 이러한 논쟁은 아마 점점 더 격렬해질 것이며, 특히 유럽에서 그러하다. 개방 대학을 표방하고 있는 유럽 경제공동체의 교육 정책은 다음 두 가지 이유에서 재검토되고 있다. 첫째, 학생들이 유럽 대륙을 자유롭게 옮겨 다닐 수 있기 때문에 대학에 등록한 학생들을 관리하기가 어려워졌다. 둘째, 많은 유럽 국가들은 준비가 덜 된 학생들이 대학의 수준 높은 강좌를 수강할 수 있게 하는 교육 정책을 계속 허용할 것인지에 대해서 논쟁을 하고 있다(Corbett, 2005). 평등주의와 엘리트주의 간의 이와 같은 논쟁은 미국에서도 심각하게 나타나고 있다. 특히 미국수학교사협의회National Council of Teachers of Mathematics, NCTM가 수학교육에 있어 최우선의 가치를 평등성에 둔 이후로 그 논쟁은 더욱 더 심화되고 있다.

학생들을 구분하거나 능력별로 교육과정을 선택하게 하는 제도는 언뜻 보기에는 타당한 것처럼 보인다. 그러나 이러한 능력별 교육과정 선택제의 문제점은 학생들이 산업 사회에서 정상적인 삶을 영위하는 데 필요한 기초 수학을 무엇으로 구성할 것인지가 불분명하다는 데 있다. 이러한 지적에 대한 가장 그럴듯한 대처 방안은 모든 학생들의 요구를 충족할 정도로 기초 기능을 폭넓게 구성하는 것이다. 새롭게 등장한 첨단 테크놀로지와 글로벌 경제를 고려한다면, 가령 은행의 이율 계산이나 환율 변동에 대한 이해가 기초 수학으로 고려되어야 할 것이다. 컴퓨터 프로그래머나 컴퓨터 게이머를 꿈꾸는 십대들을 위해서는 프랙탈 이론, 해밀턴의 사원 수, 테일러 급수와 같은 수학 내용이 기초 수학으로 구성될 수 있을 것이다. 이는 전통적으로 가르쳐왔던 기초 수학과는 매우 다른 것들이다.

## 무엇을 교육의 목적으로 볼 것인가?

다음 장들에서도 살펴보겠지만, 수학교육 논쟁에서 스스로를 전통주의라고 부르는 사람들은 미국에 필요한 수학은 미적분학, 미분방정식, 통계학, 선형대수학 그리고 이것들의 응용 분야라고 주장한다. 즉, 미국의 수학교육은 이들 분야에서 능력 있는 학생들을 충분히 양성하지 못하고 있다는 점에 문제점이 있다는 것이다. 아이비리그 대학의 한 교수는 30년간 자신이 지도했던 학생들의 미적분 능력을 증거로 제시하면서 문제점을 제기하였다(Harper, 2001). 즉, 학생들의 성취도가 감소했다는 점을 들어, 우수한 학생들에게 있어서도 대학 이전의 수학교육이 악화되었으며, 그 원인이 개혁적 교육과정reform curricula에 있다고 결론을 내렸다. 그러나 이러한 결론이 타당한지에 대해서는 의문이 든다. 왜냐하면, 개혁적 교육과정이 학교에서 철저하게 적용되었다고 주장하기에는 그 증거가 매우 빈약하기 때문이다. 더욱이, 미국 교사들이 수학에 대하여 그리고 수학교육에 대하여 얼마나 알고 있는지를 정확하게 판단할 수 없다. 다시 말해서, 우리는 수학 및 수학교육에 대한 교사의 지식이 지난 30년 또는 50년간 어떻게 변화되었는지에 대하여 잘 알지 못한다.

미적분 교육에 대하여 걱정하고 있는 사람들은 고등학교에서 미적분을 가르쳐야 한다고 압박을 가하고 있으며, 지난 세기 동안에 이러한 압박은 더욱 더 가중되었다. 몇몇 구성주의자들은 미적분은 대학에서 더 잘 학습될 수 있으며, 고등학교에서는 더 중요한 기초 추론 기능들을 가르쳐야 하기 때문에, 고등학교에서 미적분을 가르치는 것은 바람직하지 않다고 주장한다(Warfield, 2007; Mallinson, 2007). 일반적으로 미국보다 수학성취도가 더 높은 국가들을 포함한 대부분의 국가에서도 미적분학을 수학교육의 최정점으로 보지는 않는다. 문제해결, 통계학, 이산수학과 같은 다른 수학 주제들을 학습하는 데 더 많은 시간을 할애한다. 최근 NCTM의 권고에 따르면, 일반 시민이 사회 현상을 이해하고 생명의학 및 사회과학 분야의 연구를 수행하기 위해서는 미적분보다 훨씬 더 유용한 확률과 통계를 학습하는 데 더 많은 시간을 할애해야 한다고 주장하였다.

중요한 것은 엘리트 학생들을 하향 평준화하는 교육 방법과 수학 성취도가 낮거나 수학을 두려워하는 학생들을 좀 더 잘하게 하는 교육 방법 중에서 어떤 것을 선택할 것인가 하는 것이다. 가장 중요한 사회적 선택이라고 할 수 있는 교육과정의 선택은 한 국가가 뛰어난 기술공학자나 물리학자의 양성을 우선적으로 추구할 것인지, 아니면 일반 국민이 과학과 기술공학 분야에 대한 기본적인 소양을 추구할 것인지에 달려 있다. 국가별 수학성취도 비교에서 낮은 점수의 원인을 초중등 교육이나 대학 교육을 받고 있는 학생의 수가 많아 졌다는 데서 찾기도 한다. 그러나 이장의 뒷부분에서 밝히겠지만, 이러한 주장에 대해서는 논란의 여지가 많다.

이와 더불어 또 다른 측면에서 문제를 제기할 수 있다. 최근에는 학교교육과정뿐만 아니라 비공식적인 교육과정에서 과거보다 훨씬 더 다양한 주제들을 다루고 있다. 이제 선진국의 아동들 대부분은 기초적인 컴퓨터 프로그래밍을 알고 있으며, 디지털 카메라, 비디오 레코더 그리고 고급 수준의 컴퓨터 그래픽 시스템과 관련된 기능들을 이해하고 있다. 또한 일반 시민들도 TV에서 방송되는 의학 프로그램과 제약 광고를 통하여 높은 수준의 기술공학적 정보들을 접하고 있다. 이처럼 일반 시민이 기술공학적으로 또는 과학적으로 더 많은 소양을 갖고 있다는 측면에서, 우리가 교육적 위기에 놓여 있다고 판단하기에는 문제가 있는 것 같다.

## 교육 시스템에 문제가 있다면, 어떻게 고쳐야 하는가?

수학교육의 문제가 전 세계적인 것인지 아니면 미국만의 문제인지는 매우 복잡한 질문이다. 이 질문은 검사 결과에 대한 서로 다른 해석, 비교 기준, 교육과정, 교육 목적, 사회적·정치적 배경 또는 다른 여러 요인들과 복잡하게 얽혀 있다. 이러한 논쟁에 참여하는 모든 참여자들은 취하는 입장이 어떻든 간에 수학이 더 깊고 폭넓게, 또 이해와 응용이 더욱 용이하게 됨으로써, 그 가치가 전반적으로 인식되어 대부분의 사람들이 쉽게 이해하고 사용할 수 있을 정도로 너무 어렵거나 추상적이지 않기를 바란다. 그러나 어떤 시기에도 이 장의 서두에서 제기한 질문에 대하여 공통된 의견을 견지한 적은 거의 없었다. 과거에는 최상의 수학 교육과정이 있었는가? 50년 또는 100년 전에는 고급 수준의 수학과 과학, 기술공학을 공부한 학생들은 그리 많지 않았다. 현대에는 어떤 종류의 수학적 지식이 중요한가? 전 세계의 다른 국가들이 통계학이나 응용수학을 강조하는 반면에, 미국은 미적분을 강조하고 있다. 그러나 미국의 학생들은 미적분보다는 컴퓨터 그래픽에 기반이 되는 주제에 더 관심이 많다. 수학교육의 목표는 무엇이며, 그 목표는 일반 시민 모두에게 똑같이 적용되어야 하는가? 어떤 사람들은 경제적, 기술공학적, 군사적 우위를 유지하는 것이 필요하다고 주장한다. 이와 반대로 모든 사람들이 현대 사회를 살아가는 데 필요분한 최소한의 능력을 갖게 하는 데 더 많은 가치를 두어야 한다고 주장하는 사람들도 있다.

수학교육의 실패에 대한 원인을 분석하는 대신에, 어떻게 하면 수학

교육을 개선할 수 있을지를 살펴보는 것이 더욱 도움이 될 것이다. 실험 및 실습을 통하여 수학을 가르칠 수 있는 수학적 내용은 어떤 것인가? 국제적 관점에서 볼 때, 수학교육에서 개선해야 할 전반적인 문제들은 어떤 것이 있는가? 그러나 수학교육에 관한 이러한 논쟁은 문제점과 실패라는 말로 점철되기 때문에, 그 문제점이 어디에 있는지에 대해서 분석하는 것이 더 쉬운 접근 방법일 것이다.

## 무엇이 문제인가?

수학성취도 국제비교연구에서 수학성적만이 관심의 대상은 아니었다. 예를 들어, 일본은 학생들이 수학을 잘하게 하는 것보다는 수학을 좋아하도록 하는데 더 노력해야 한다고 결론을 내렸다(Macnab, 2000). 홍콩과 같은 몇몇 국가에서도 수학성취도가 낮거나 수학에 대하여 공포심을 갖고 있는 학생들을 고려하기 위하여 훈련과 연습 위주의 전통적인 교육과정을 버리고 새로운 교육과정을 도입하였다(Lam, n.d.). 새로운 교육과정을 통하여 어떠한 변화가 있었는지를 되돌아보고 그 효과를 분석하는 것이 가능할 것이다. 노르웨이는 구성주의에 바탕을 둔 새로운 새 수학new－new math 교육과정을 도입하였으나, 오히려 수학성취도가 낮아졌다. 그 이유를 면밀히 분석한 결과, 이 새로운 교육과정을 어떻게 교육할 것인지에 대한 교사 교육이 충분히 이루어지지 않은 채, 교육과정이 도입되었다는 점이 문제점으로 제기되었다(Bjorgqvist, 2005). 미국과 영국은 국제성취도 검사에서 나타났던 낮은 수학성취도의 원인을 찾으려고 노력하였다. 낮은 수학성취도의 주된 원인을 분석하면, 이러한 논쟁을 이해하는 데 필요한 단서를 찾을 수 있을 것이다. 물론, 이러한 국제 성취도 검사가 국가별 비교를 가능하게 할 만큼 타당한 자료를 제공하지는 못한다는 점을 명심할 필요가 있다.

### 미국의 문화가 문제인가?

문화적 가치와 가정에서의 교육적 가치는 종종 수학학습에서 중요한 요소로 언급되곤 한다. 일본의 부모들은 자녀를 남들보다 뛰어나게 잘하도록 교육시키고 있다(Harper, 2001). 일본의 교육제도는 시험 위주이며, 이러한 시험은 한 개인의 미래를 좌우하기 때문에 매우 중요하다. 학생들은 긴 하루의 학교생활을 마치고 방과 후에는 밤늦게까지 사설 학원에서 공부한다. 그래서 일부 전문가들은 일본(또는 한국)의 교육과 미국의 교육을 단순히 비교하는 것은 의미가 없다고 주장하기도 한다. 왜냐하면 미국에서는 이들 아시아 국가에서 이루지고 있는 학부모 교육과 학원 교육이 거의 이루어지지 않고 있기 때문이다. Rho(n.d.), Ellington(2005), Harper(2001)의 연구는 이러한 교육에서의 문화적 차이를 지적한 것들이다.

## 시간이 문제인가?

일본의 사례에서 이미 제시했듯이, 두 번째 변인은 학습에 투입하는 시간이다. 많은 국가에서 교육과정에 새로운 교과목들이 추가됨에 따라 수학수업에 투입되는 전체 시간이 감소하였다. 더욱이, 수학 과목 자체에서도 전통주의자들이 강조해왔던 기본적인 수학 내용(즉, 덧셈, 뺄셈, 곱셈, 나눗셈의 사칙연산, 이들 연산에 대한 표준 알고리즘, 초등 대수학과 기하학)의 테두리를 벗어난 함수, 그래픽 표현과 같은 다른 주제들이 포함되면서 그 범위가 넓어졌기 때문에, 각각의 수학 내용에 투입된 시간도 이전보다 줄어들었다(Ellington, 2005, Harper, 2001). 또한 최근 몇십 년간에 걸쳐 수학을 더 많이 그리고 더 일찍부터 가르쳐야 한다는 압력이 있었다. 많은 학교에서 9학년에 가르치던 대수학을 8학년에서 가르치고 있으며, 대학교 1학년에서 주로 가르치던 미적분을 이제는 고등학교에서 가르치고 있다(Mallinson, 2007). 분명히, 교육과정에 대한 선택은 사회적 가치와 정치적 가치가 반영되어 결정된다. 예를 들어, 지도를 학습하는 데 필요한 지리학적 지식을 수학수업에서 다루어야 할 것인지에 대한 찬반 논쟁이 미국 교육에 존재한다. 지리학에 대한 지식과 나눗셈에 대한 지식 중에서 어떤 것에 중심을 두어야 하는가?

## 수학 교육과정이 문제인가?

세 번째 변인은 교육과정의 범위에 관한 것으로서 과제에 투입하는 시간과 밀접한 관련이 있다. 현행 수학 교육과정에 대한 공통된 불만은 '넓이는 1마일, 깊이는 1인치'라는 것이다. 이 주장의 핵심은 현행 교육과정에 포함된 내용 중 많은 것들이 전통적인 수학과 매우 다르다는 것이다. 이러한 관점에서 표와 통계치를 해석하는 방법을 가르치는 인구지리학에 관한 내용들이 때로는 비난을 받고 있다. 그러나 교육과정의 범위에 관한 이러한 논쟁에는 교사의 능력에 관한 문제도 포함되어 있다. 수학에 대하여 깊이 있는 교육을 받지 않았거나 수학을 두려워하기까지 하는 초등교사들은 이러한 새로운 교육과정을 일종의 피난처로 생각할 수도 있다. 반대로 수학적 능력이 뛰어난 수학교사들에게는 이러한 교육과정이 통계적 개념을 심도 있게 가르칠 수 있는 기회를 제공할 수 있다고 말할 수도 있을 것이다.

수학 교육과정의 범위와 수학학습 시간을 연구하는 사람들이 적용하는 연구 방법에는 다소 문제가 있다. 예를 들어, 한 교사에게 기존의 내용과 비교하여 새로운 내용을 학습하는 데 시간을 얼마나 투입하는지에 대하여 질문하는 것은 별로 의미가 없다. 왜냐하면, 새로운 내용을 학습하기 위해서는 어쩔 수 없이 기존의 내용을 복습하거나 끄집어내야 하기 때문이다. 특정한 접근 방식을 옹호하는 사람들이 집필한 교과서를 공격적으로 비판하는 사람들은 '상대편' 교과서를 서로 진부하다고 폄하한다. 한 편에서는 상대편의 교과서가 생산적이지 못하고 혼란만 가중시킨다고 비판하며, 다른 편에서는 상대편의 교과서가 실제적인 적용이나 응용도 없이 무의미한 연습만 시키고 있다고 비판한다. 이러한 이슈들에 대해서는 Raimi(2006), Ellis와 Berry (2005), Agarkar와 Shirali(2001)의 연구를 참고하기 바란다.

수학교과서에 사회과학적 내용을 포함시키려는 경향에 대하여 좀 더 심각한 비판이 있다. 즉, 학생들은 수학문제를 통계학적으로 해결하는 접근방식을 배울 수 있는데, 수학문제를 표, 그래프, 설명으로 해결함으로써 수학문제에는 정답이 없거나 또는 정답이 여러 개 존재할 수 있다는 것을 배우게 된다는 비판이 있다. 진리에 대한 이러한 접근 방식은, 모든 가치는 사회적으로 구성되며 학생들은 수학적 문제를 해결하기 위해 자기 자신의 해결 방법을 고안해야 한다는 점에서 의미가 있으며 구성주의적 견해와 일맥상통한다. 그러나 정답을 구하는 데 있어서 이러한 사회적 구성주의적 접근 방식이나 통계적 접근 방식은 잘 정의된 문제에 대하여 정답을 구할 때 문제점이 발생한다. 물론, 구성주의는 교육에서 사용되는 용어이기 때문에, 사회적 구성주의와 도덕적 상대성은 서로 차이가 있다. 구성주의적 교육에서는 학생들이 해결 방법을 암기하기보다는 스스로 구성함으로써 문제해결에 참여하는 것을 강조한다. 구성주의적 또는 개혁-기반 교육과정에서, 학생들은 문제를 해결하는 내적 과정을 통하여 의미를 형성하고 이해를 하게 된다.

전 세계적으로 경쟁력이 있는 수학교육모델을 찾아보기 전에, 먼저 간단한 수학문제 하나를 살펴보는 것이 도움이 될 것이다. 여러 가지 해결 방법이 가능한 다음 문제를 생각해 보자. 한 농부가 두 아들에게 농장에 있는 돼지와 닭의 수를 세어보라고 하였다. 한 아들은 머리가 70개라고 했고 다른 아들은 다리가 200개라고 하였다. 이 문제를 해결하는 표준적인 대수적 해결 방법은 돼지의 수($P$)와 닭의 수($C$)로 연립이차방정식을 세우는 것이다. 즉, $P+C=70$과 $P\times 4+C\times 2=200$과 같은 두 개의 식이 필요하다. 첫 번째 식을 이항 정리한 $P=70-C$를 두 번째 식에 대입하면, 닭의 수($C$)는 40마리이고 돼지의 수($P$)는 30마리가 된다. 대수적 해결 방법에는 두 가지 목표가 포함되어 있다. 하나는 정답을 구하는 것이고, 다른 하나는 오직 하나의 정답만 존재한다는 것을 입증하는 것이다.

추측-확인 전략을 사용하여 답을 구한 학생도 같은 결과를 얻겠지만, 추측-확인 전략은 추상화와 일반화를 통하여 문제를 해결한 것이 아니기 때문에 정답이 오직 한 개뿐이라는 것을 보장하지 못한다.

추측-확인 전략을 사용한 학생이, “저는 이 문제에 대하여 한 개의 정답을 찾았어요.”라고 말하겠지만, 통계적으로 접근하면, 또 다른 답이 대여섯 개 존재할 수도 있다. 물론, 기계적으로 암기한 연립방정식을 습관에 따라 세운 학생도 자신의 해결 방법이 왜 그렇게 되는지, 그리고 그렇게 구한 답이 확실히 맞는지에 대해서는 잘 알지 못할 수도 있다. 그래도 전통주의자들은 대수적 방법이야말로 정답을 구하는 유일한 방법이라고 주장한다. 반면에, 구성주의자들은 추측-확인 전략이나 다른 창의적인 전략이 학생들이 문제에 대하여 심사숙고하는데 도움이 될 것이며, 결국에는 더 나은 문제해결 기능을 개발하고 어려운 문제에 대해서도 풀 수 있다는 자신감을 갖게 될 것이라고 주장한다. 구성주의적 교육과정에서는 학생들이 어떤 방법으로든 답을 찾게 하는 학습에 초점을 두고 있으며, 그런 다음에 같은 문제를 대수적 방법으로 해결하게 한다. 뒤에서 소개할 민속수학적ethnomathematical 접근 방법은 여기에 사회·정치적 차원이 추가된 것이다. 만일 닭 중에서 한 마리가 머리가 둘이거나 아들들이 닭의 머리와 돼지의 머리를 잘못 세었다면 어떻게 되겠는가?

### 교사가 문제인가?

네 번째 변인은 교사에 관한 것으로 아마도 미국 교육에서 가장 중요한 변인일 것이다. 많은 국가에서 교사는 대학에서 2년 동안 수학 과목을 이수해야 하며, 높은 수준의 수학을 가르치기 위해서는 고급 수학 과목을 이수해야 한다. 이렇게 교사에게 높은 수준의 수학적 지식을 요구하는 저변에는 수학에 정통한 교사는 학생들에게 수학적 원리를 창의적이고 효과적으로 가르칠 것이라는 생각이 깔려 있다. 이 책에서 논의하고자 하는 것 중 하나는 수학교사가 수학을 좋아하고 수학적 지식이 풍부한 것이 중요한 것이긴 하지만, 수학을 아는 것과 수학을 가르치는 방법을 아는 것 사이에는 차이가 있다는 점이다. 교사가 수학을 잘 안다고 해서 학습 과정에서 발생하는 학생들의 공통적인 오류를 인식하고 그들이 수학을 쉽게 이해하는 데 도움을 주거나 새로운 전략을 제공할 수 있는 것은 아니다.

다시 교사 교육의 문제로 돌아가 보자. 미국의 초등학교 교사들은 여러 다른 나라의 교사와 마찬가지로 대학에서 9학점 정도만의 수학 및 수학교수법 강좌를 이수한다. 또한, 수학을 효과적으로 가르치는 데 필요한 특별한 기능들을 학습할 수 있는 일종의 예비교사 교육 시스템이 마련되어있지 못하다. 전 세계적으로 교사들이 이러한 교수법적 지식과 기능을 갖고 있는지는 이 책의 끝부분에서 다시 논의할 것이다. 핀란드의 성공적인 수학교육에 대하여 저술한 올레 브죠르크비스트Ole Bjorgqvist는 완벽한 교사 교육 시스템이 핀란드의 성공을 가져왔다고 주장하였다. 핀란드는 단일 민족 국가이다. 교사의 급여도 높은 편이다. 모든 교사는 많은 교육과 훈련을 받아야 하며, 교육학 분야에서 석사학위를 마치고 연구 논문을 작성해야 한다. 또한 예비교사 교육 프로그램도 광범위하다(Bjorgqvist, 2005). UCLA의 스티글러James Stigler와 히버트James Hiebert는 미국의 수학교육 상황을 다음과 같이 표현하였다. "우리의 가장 큰 문제는 현재 어떻게 가르치고 있는가가 아니라, 앞으로 더 나아질 기미가 보이지 않는다는 것이다."(Stigler and Hiebert, 1997, p.1) 스티글러와 히버트는 미국의 수학교사를 광범위하게 조사하였고, 최상의 수업과 교수법적 지식이 무엇인지를 분석하였으며, 그러한 지식을 현직교사 그리고 예비교사들에게 어떻게 전달할 것인지에 대하여 연구하였다.

이러한 논의는 미국에만 해당하는 것은 아니다. 일본과 중국의 교사들도 기본적인 수학적 지식을 개발하고 수학수업 방법을 효과적으로 개선시키기 위하여 전문성 개발 활동에 참여한다(Ma, 1999). 이와 반대로, 교사들에게 학사학위 이상을 요구하는 것에 대해서 반대하는 국가들도 있다(Blanco, 2003; Ding, 2004).

중국의 수학교사들은 수학수업 방법에 초점을 둔다. 중국 교사들은 수업이 없을 때 동료 교사들과 만나서 수학 내용과 문제해결 기능을 효과적으로 가르칠 수 있는 방법에 대하여 논의한다. 한편 초등학교 같은 경우 한 교사가 모든 교과를 가르치는 국가들도 있다. 이처럼 여러 교과를 가르치기 위하여 여러 교과에 대한 내용적 지식과 교수법적 지식이 요구되는 상황에서 수학수업을 제대로 할 수 있을까? 마Ma(1999)는 이러한 이슈를 심도 있게 연구하기 위하여 중국의 수학교육을 폭넓게 분석하였다.

## 문제점을 해결하기 위한 불완전한 해결책

수학교육에 대한 많은 논쟁들 중 대부분은 교육과정과 교과서에만 치중하는 것 같다. 일단 교실 문이 닫히면, 교사는 교과서에 제시된 교수·학습 원리가 자신의 수업 방식과 차이가 있더라도 자신에게 맞는 방식으로 수업을 진행한다는 것이 일반적인 모습이다. 그러나 새로운 교육과정을 실제로 구현하는 사람은 바로 교사들이다. 교과서에 대한 논쟁은 세 가지 측면에서 이루어진다. 첫 번째 관심사는 고등학교 때까지 어느 정도까지 수학을 학습해야 하는지, 그리고 대학의 수학 과목을 성공적으로 이수하기 위해서는 어느 정도까지 수학을 학습해야 하는지에 관한 것이다. 두 번째 관심사는 고등학교에서 배우는 특별한 주제들이 대학의 수학 강좌를 이수하는 데 도움이 되는가 하는 것이다. 예를 들어, 집합론과 통계학을 공부하면 미적분을 공부하는 데 도움이 되는가? 또는 대수학과 삼각함수에 더 많은 시간을 할애해야 하는가? 세 번째 관심사는 교과서를 통하여 수학적 주제를 어떻게 가르칠 것인가 하는 것이다. 교과서를 통해서는 수학을 전혀 가르칠 수 없는가? 아니면 교과서는 학생들에게 수학적 절차를 가르치는 것이 아니라 수학적 아이디어를 발견하도록 단지 안내하는 역할을 해야 하는가?

다음 절들에서는 현재의 국제적 상황을 살펴볼 것이다. 논쟁 그 자체의 구조를 살펴보면, 누가 과학과 산업에 우위를 차지하려고 하는지, 누가 대규모의 연구를 수행하는 데 기꺼이 투자할 것인지, 그리고 어떤 집단이 학회 또는 교과서 출판사와의 계약을 통하여 그들의 생각을 적극적으로 펼치려 하는지를 파악하는 데 도움이 될 것이다.

많은 국가들 그리고 각 국가의 교육 지도자들은 이러한 논쟁에 참여할 필요성을 크게 느끼지 않는다. 어떤 국가는 자국의 교육제도에 만족하지만, 어떤 국가는 부족하다고 생각하여 변화를 모색하며 어떤 국가는 다른 생각에 사로 잡혀 있다. 이 논쟁에 참여하고 있는 국가들 중에서 중국은 세계적 수준의 대학을 만드는 데 많은 투자를 하고 있으며, 수준 높은 박사학위 교육에 많은 관심을 갖고 있다. 실제로 상하이교통대학교Shanhai Jiao Tong University에서 매년 수행된 세계적 수준의 연구물을 보면 이러한 관심사를 잘 알 수 있다. 미국도 기술공학 분야에서 선도적 역할을 유지하기 위하여 수학교육 연구에 많은 부분을 투자하고 있다. 중국과 마찬가지로, 유럽 연합은 볼로냐 프로세스Bologna process[5]를 통하여 대학 교육과 대학원 교육의 국제적 경쟁력을 강화하고 있다. 볼로냐 프로세스에 따라 가맹국 내에서는 대학 졸업장 하나로 모두 인정을 받을 수 있어야 하기 때문에 대학 졸업장의 새로운 기준에 대한 논의가 이루지고 있다. 남아프리카는 두뇌 유출에 직면하고 있으며, 인도는 대부분의 과학기술원을 제외하고는 교육적 생산성이 감소하고 있다.

이처럼 국가별로 교육에 대한 관심사에 차이가 있다는 점에서, 수학교육에 대한 논의는 여러 다른 가치들과 다양하게 관련되어 있음을

5) (역주) 볼로냐 프로세스는 영국, 프랑스, 독일, 이탈리아 등 4개 유럽연합 소속 국가들이 이탈리아 볼로냐에서 모여 2010년까지 단일한 고등교육제도를 설립하여 유럽 대학의 국제 경쟁력을 높이고자 1999년에 출범한 프로그램이다. 그 후 유럽연합에 속하지 않은 국가들도 참여하여 회원 수가 47개국으로 늘었다.

알 수 있다. 어떤 국가의 교육 목적은 경제적 또는 군사적 우위를 점하는 것이지만, 또 어떤 국가의 교육 목적은 지식과 직업에 평등하게 접근하게 하는 것이다. 또 다른 국가의 교육 목적은 과거의 문명을 기억하고 그 문명의 다양성을 확인하는 것이다.

## 교과서와 교육과정이 실제로 중요한 이슈인가?

전통적인 수학 교육과정의 공통적인 특징 중 하나는, 계통 발생은 개체 발생을 반복한다는 관점에 따라 수학 주제들을 역사 발생적 순서로 도입한다는 점이다. 이러한 관점에서 보면, 수학 전체는 건물의 벽돌과 같이 차례대로 쌓아 올렸기 때문에, 수학이 발견되거나 발명된 순서에 따라 학습하는 것이 타당하다는 것이다. 학생들은 문제를 해결하기 위하여 알고리즘이나 공식을 학습하지만, 때로는 왜 그렇게 되는지 이해하지 못한 채 그것들을 익히기도 한다. 가령, 분수의 나눗셈은 제수의 역수를 곱하면 된다는 공식은 많은 학생들이 왜 그렇게 되는지 모른 채 학습하는 알고리즘이다. 이러한 접근 방식을 옹호하는 사람들은, 이것은 마치 피아노를 배우는 학생에게 올바른 손의 위치를 가르치는 것과 같다고 말한다. 교사는 학생들에게 제대로 연주 기법을 익히지 못하면 헝가리 음악가인 리스트Liszt의 곡을 결코 연주할 수 없을 것이라고 말해 줄 필요가 없다. 단지, 교사는 학생들에게 똑바로 하라고 하면 된다. 그러나 구성주의자들은 잘못된 손의 위치가 나중에 연주 능력을 왜 제한하는지 그 이유를 몇 분 동안이라도 설명해야 한다고 주장한다. 왜 학생들을 이해시키는 데 몇 분조차도 투자하지 않는가? 왜 쉽게 설명될 수 있는 것조차도 기계적으로 학습시키고 암기하게 하는가? 이에 대하여, 전통주의자들은 학생들이 곱셈 구구와 기본적인 공식들을 암기하면 계산을 능숙하게 할 수 있기 때문에, 정말로 어려운 문제에 대하여 심사숙고할 수 있는 인지적 '공간'을 확보할 수 있다고 반박할 것이다.

## 전통적 수학

소련이 1957년에 스푸트니크Sputnik를 쏘아 올린 후, 미국에서 수학교육에 대한 공개적 논의가 시작하였다는 주장에는 다소 논란의 소지가 있다. 그러나 11년 뒤 미국은 달나라에 인류를 착륙시켰다. 그렇다고 해서 소련의 인공위성 발사가 미국 교육의 변화를 직접적으로 촉발했다고 볼 수는 없으며, 급하게 만들어서 각 학교에 보급된 실험적인 수학·과학 교육과정에도 역시 영향을 주었다고 보기는 어렵다. 만약 미국 교육에 문제가 있었다면, 교사 교육이나 다른 교육적 변화를 생각하기보다는 왜 새로운 교육과정을 생각하게 되었는지에 대해 생각하게 된다. 하지만 이는 분명하지 않다. 어쨌든 새로운 교육과정을 개발하기 위해서는 적어도 여러 단계를 거쳐야 하는데, 새로운 교육과정은 마치 만화책을 만들듯이 서둘러 개발되었다. 당시의 수학자들은 집합론의 관점에서 수학을 재해석할 필요가 있다고 생각했으며, 부르바키Bourbaki라는 필명으로 저술 활동을 했던 프랑스 수학자들은 집합론을 바탕으로 한 수학 교육과정과 수학교과서를 개발하였다. 이것이 바로 새 수학New Math운동의 시작이다. 수학의 구조를 강조한 이러한 접근 방식은 수학교육 방법에도 영향을 주었다. 그러나 여기에는 생각해 봐야 할 다음의 문제들이 있다. 교사들은 그러한 수업 방법을 적용할 만큼 충분히 준비가 되었는가? 새 수학에 바탕을 둔 수업 방법이 전통적인 수업 방법보다 더 우월하다고 판단할 수 있는 타당한 근거가 있는가?

## 개혁-기반 수학

새 수학 이후에 미국과 여러 나라에서는 사회적 가치에 대한 인식에 변화가 일어나기 시작하였다. NCTM의 교육과정은 평등성에 최우선의 가치를 둔다. 수업은 소수의 엘리트가 아닌 모든 학생들을 대상으로 해야 한다. 구성주의 수학 또는 개혁-기반 수학은 모든 학생들이 수학적 원리를 이해하도록 하는 수학적 이해로부터 출발한다. 가령, 수학문제에 대한 에세이 작성이 이해에 도움이 된다면, 학생들에게 에세이를 작성하도록 허용되어야 한다. 모형이나 구체적 조작물이 복잡한 수학적 개념을 시각화하는 데 도움이 된다면, 그것들이 사용될 수 있도록 해야 한다. 버클리 대학의 트리스맨Uri Triesman(1992)이 밝혔듯이, 소집단 활동이 도움이 된다면 수업 중에 소집단별로 문제를 해결할 수 있는 기회를 제공해야 한다. 앞에서 언급한 바와 같이, 노르웨이는 구성주의에 바탕을 둔 새로운 교육과정을 도입하였으나 오히려 수학성취도가 낮아졌다. 노르웨이의 경우는 적절한 교사 교육이 이루어지지 않은 채 구성주의를 받아들인 사례로 기록된다. 학생들에게 구체적 조작물을 사용하게 함으로써, 기하학적 통찰을 할 수 있으며 성냥개비를 이용하여 집을 구성하는 경험을 할 수도 있을 것이다. 여전히 논란거리이긴 하지만, 구성주의를 받아들인 일부 학교와 지역 교육청에서는 학생들이 곱셈 구구표와 같은 표준적인 알고리즘을 학습하지 못하게 하고 있다. 이러한 극단적인 사례는 구성주의자들의 생각은 아니다.

어떤 학자들은 위트레흐트대학교University of Utrecht의 프로이덴탈 연구소Freudenthal Institute에서 시작된 RME라고 하는 네덜란드의 현실적 수학교육Realistic Mathematics Education을 구성주의의 한 형태로 본다. 그러나 RME 학자들은 RME의 구성주의적 특징에 대하여 이의를 제기한다. 왜냐하면, RME에서는 수학적 아이디어의 '안내된 재발견'을 강조하지만 전통적인 기능과 알고리즘도 역시 배워야 하는 것으로 생각하기 때문이다.

## 민속수학Ethnomathematics

민속수학은 다양성에 높은 가치를 두고 있으며, 고대의 달력과 같이 고대 문명의 수학뿐만 아니라 전 세계 모든 국가의 수학에 대한 학습을 강조하고 있다. 민속수학은 브라질 수학자 유브리탄 담브로시오Ubiritan D'Ambrosio에 의하여 도입된 용어이다. 수학은 다문화적 특징을 갖고 있다. 우리가 사용하는 아라비아 수는 0의 개념과 마찬가지로 인도로부터 온 것이다. 기하학은 이집트와 그리스로부터 시작되었으며, 아랍은 대수학과 정수론의 발전에 공헌하였다. 이탈리아, 영국, 스위스, 러시아를 포함한 유럽의 여러 나라, 미국과 더불어 아시아도 수학적 이론과 응용에 기여하였다. 어떤 국가는 수학적 발전에 기여하였으나 그것이 표준적인 교육과정에 포함되지 않았기 때문에, 그 나라의 국민들은 수학을 배울 때 지적 소외감이나 박탈감을 느낄 수 있을 것이다. 그래서 민속수학을 주장하는 사람들은 학생들에게 자기 조상들이 개발했던 수학적 방법을 이해할 수 있는 기회를 가져야 한다고 주장한다. 자기 민족도 수학을 개발했다는 사실을 알게 되면, 학생들은 지적 소외감을 덜 느끼면서 수학을 학습할 수 있을 것이다. 중앙아프리카 아동들은 마야의 달력을 학습해야 하고, 아프리카계 미국 아동들은 확률 개념이 포함된 할렘가의 길거리 게임을 학습해야 하고, 서부아프리카 아동들은 옷감 짜기와 바구니

짜기에 들어 있는 수학의 진가를 이해해야 한다. 민속수학의 관점에서 보면, 문화적으로 서로 다른 사람들에게 표준적인 교육과정을 강요하는 것은 일종의 문화적 식민주의라고 볼 수 있다.

민속수학을 주장하는 사람들은 정치적 그리고 철학적 관점에서 수학을 논의하려고 한다. 앞에서 살펴본 돼지와 닭의 문제는 다음과 같은 시각에서 논의될 수 있다. 즉, 왜 다른 농부에 비하여 한 농부가 더 많은 동물을 소유하고 있는가? 또는 돼지, 닭은 인류에게 치명적인 질병을 어떻게 옮기는가? 물론, 많은 사람들이 이러한 문제는 전혀 수학이 아니라고 말할 것이다. 이와 반대로, 어떤 사람들은 수치적 정답에만 관심을 갖게 되면 더 중요한 사회적 이슈를 보지 못하게 할 수 있다고 반박할 것이다. 민속수학은 이전의 잘못된 수학교육을 바로잡기보다는 학생들이 수학, 윤리, 정치, 지리, 역사 등 다른 분야들 사이의 연관성을 이해하도록 수학 교육과정을 보강하는 데 주로 관심이 있다.

## 수학자와 수학교육자

NCTM이 지향하는 교육과정을 비판하는 집단은 수학자들과 그들의 단체들이다. 수학과 관련된 여러 단체의 웹사이트를 살펴보면, 놀라운 점은 K－12학년을 대상으로 한 수학교육에 초점을 두고 있는 국가 수준의 수학 단체가 거의 없다는 것이다. 국가 수준의 수학 단체들이 K－12학년의 영재 학생을 대상으로 한 경시 대회를 개최하기도 하지만, 대부분은 대학 수준의 교육에 주로 관여한다. 수학교육보다는 수학의 이론적 측면에 주로 초점을 맞춘다. 전문적인 수학자와 물리학자들은 학생들이 대학에 들어갈 때쯤이면 마스터해야 할 것이 무엇인지에 대해서 전반적으로 규정하고 있다. 수학자들은 종종 학생들이 갖고 있는 수학수업에 대한 불만이나 불평을 언급하기는 하지만, 대체로는 수학 교수·학습과는 거리가 있다. 특히, 초등학교와 중학교 수준에는 더욱 더 그러하다.

간단히 말해서, 수학자들과 수학교육자들은 서로 의사소통하지 않는다(Ocken, 2007). 두 집단이 무심하거나 게으르기 때문에 이러한 현상이 발생하는 것은 아니다. 때로는 한 집단이 다른 집단에게 매우 적대적으로 대하고 서로 상반된 주장을 펴기도 한다. 가령, 수학자들은 고급 수준의 수학을 학습하기 위해서는 함수를 필수적인 기능으로 가르쳐야 한다고 강조하는 반면에, 수학교육자들은 모든 학생들이 수학을 학습하고, 학생들의 수학 불안과 불평등을 해소해야 하며, 대학에 진학하지 않는 학생들을 위한 교육과정을 개발하는 것이 중요하다고 강조한다. 또 다시 핵심적인 이슈는 수월성과 평등성의 문제이며, 서로 다른 학생들에게 어떤 종류의 수학교육과 교육과정을 제공할 것인지에 관한 것이 중요한 논쟁거리가 된다.

수학자들과 수학을 가르치는 사람들 사이의 괴리는 이 책에서 제기했던 그리고 계속해서 제기할 더 큰 문제점의 일부에 지나지 않는다. 어떤 교육과정이 더 우월한 지에 대한 증거가 있는가? 실제로 교육과정과 교과서를 이해하고 활용하는 수학교사를 배제한 채, 그것의 질을 평가할 수 있는가? '수학전쟁' 또는 수학에 대한 논쟁에서는 학생들의 수학적 사고와 절차적 기능을 개발하기 위한 교사의 특별한 능력이 충분히 고려되고 있는가? 또는 교사와 학생들을 뒤로 한 채 수학적 논쟁과 교과서 판매량이 논의되고 있는 것은 아닌가?

## 학업성취도 국제비교연구

전 세계적으로 진행되고 있는 수학교육에 관한 최근의 논쟁은 1964년에 실시된 1차 국제수학성취도연구First International Mathematics Study, FIMS로부터 시작된다. 1959년부터 1962년에 실시된 12개국 성취도연구Pilot Twelve Country Study나 1967년에 실시된 국제교육성취도평가협회International Association for the Evaluation of Education Achievement, IAEEA의 연구를 그 시작으로 보는 사람들도 있다. FIMS에 이어서 1980~1981년에 2차 국제수학성취도연구Second International Mathematics Study, SIMS가 수행되었다. 그 이후 1995년에 TIMSS가 수행되었다. 이 3차 국제수학·과학성취도연구TIMSS는 수학·과학 성취도 추이변화 국제비교연구Trend International Mathematics and Science Study, TIMSS로 이름이 바뀌어 연구가 계속되고 있다.

이러한 국제적 규모의 연구들은 여러 단체들로부터 지원을 받아 수행되었다. 특히 주목해야 할 연구로는 국제협력개발기구OECD의 지원을 받아 1997년과 2001년에 수행된 국제학업성취도평가Program for International Student Achievement, PISA가 있다. 이 연구는 대규모의 자금 지원을 받아 미국, 캐나다, 영국, 유럽 연합이 주도하여 수행되었다. 모든 국가들이 연구 대상이 된 것은 아니었다. 연구에 참여한 국가들 중에는 학교 수나 다른 통계적 지표를 충족하지 못하여 연구에서 제외되기도 하였다.

연구결과 자체의 타당성에 대하여 약간의 문제가 제기되었지만, 언론이나 정치가들은 국가별 순위에 초점을 맞추어 서유럽 국가들이 아시아권이나 동유럽 국가들보다 수학적 능력에서 뒤처졌다는 점을 부각시켰다. 앞에서 언급했듯이 '뒤처졌다'는 의미에 대해서도 많은 논란이 있었다. 예를 들어, 미국의 성취도는 싱가포르와 비교하여 표준편차 범위에서 벗어나지 않았다. 평균 점수에서 나타난 상대적으로 작은 점수 차이는 엄청난 차이로 부풀려졌으며, 검사 대상이 어떤 학생인지에 대한 충분한 설명 없이 신문지상에 발표되었다. 즉, 수학과 과학 분야의 우수 학교를 졸업한 학생들과 미국 학생 전체를 비교했을 때, 우수 학교의 학생들이 더 높은 점수를 받는 것은 당연한 연구결과이다.

영미권 이외의 국가에 속한 학자들은 국제적인 성취도 검사에 대하여 또 다른 문제점을 지적했다. 성취도 검사뿐만 아니라, 검사 결과를 논의하는 협의회에서 사용되는 주 언어는 영어이다. 이로 인하여 전 세계의 국가들은 영어권의 교육과정을 우수한 것으로 받아들일 수밖에 없고, 영미권의 교육과정을 나머지 다른 지역의 국가들에게 강요하는 것으로 생각한다. 또한 국제통화기금IMF과 같은 다른 국제 기구들은 구제 금융을 조건으로 영미권의 교육과정을 받아들이도록 요구할 것이라고 걱정한다(Atweh, et al., 2001). 제3세계 국가들의 교육 프로그램은 비효과적이라고 평가되어야 하는가? 새로운 수업을 설계하는데 있어서 첨단의 기술공학을 도입해야 하는가? 대부분의 국민이 하루에 몇 달러 밖에 벌지 못하는 국가에서 그러한 기술공학을 어떻게 조달할 것인가?

요약하자면, 이러한 국제 성취도 검사에 자금을 투자할 수 있고 국민들의 삶이 어느 정도 안정된 국가들만이 추가적인 연구를 하고 그에 따른 법안을 마련하고 교육과정을 개정하는 일에 착수할 수 있다. 국제 성취도 검사에 대한 협의회는 대부분 이들 영미권 국가에서 개최되며, 가난한 국가들의 참여는 제한적이다.

스코틀랜드 노던 칼리지Northern College의 수학교육학과 교수인 맥나브Macnab(2000)는 TIMSS 결과를 심도 있게 분석한 논문을 발표하였다. 검사에 참여한 40개국에 대한 자료와 설문지를 분석한 결과 중 19개국이 TIMSS 참가 기준을 충족하지 못하였으며, 23개국이 교육개혁에 착수했음을 확인하였다. 23개국 중 14개국은 '국가적 수준의 개혁'을 시작하였고, 그 결과는 대부분 국가 보고서로 출판되었다. 하지만 많은 국가들이 교육 개혁을 위한 전국 단위 또는 지역 단위의 협의체를 구성하지 못하였다. 7개국은 교육 개혁을 위한 정책 개발팀을 구성하였다. 2개국은 교육 개혁을 구상하고 있었으며, 미국, 노르웨이, 벨기에와 같은 3개국은 교육 개혁 프로젝트에 착수하는 정도였다.

맥나브McNab의 연구에 따르면, 영국과 뉴질랜드는 교육과정을 재평가한 다음 새로운 교육과정을 발표하였다. 프랑스와 스웨덴은 TIMSS가 실시되기 전부터 교육 개혁을 시작하였다. 맥나브는 또한 캐나다와 미국과 같이 연방으로 구성된 국가에서는 연방 정부가 국가적 수준의 교육과정이나 교육 정책을 강제할 수 있는 권한이 없기 때문에 국가적 수준의 교육 개혁이 어렵다는 점을 지적하였다.

TIMSS에 참가한 국가들을 분류하면서, 맥나브는 다음과 같이 지적하였다. "모든 국가들이 TIMSS 검사를 바탕으로 교육 개혁에 착수한 것은 아니었으며, 교육 개혁에 착수했다고 하더라도 TIMSS 검사 결과를 온전히 받아들인 것은 아니었다. 그리고 TIMSS 검사 결과를 받아들인 국가들이 교육 개혁의 본질과 깊이에 대해서 같은 생각을 가진 것도 아니었다."(p.13)

여러 학업성취도 국제비교연구에서 선임 자문위원으로 활동해온

호손Howson(1999)은 "교육 개혁이 그렇게 쉽게 그리고 효과적으로 이루어지지는 않는다."(p.167)고 지적하였다. 수학교육에 대한 국제적 논의에 있어서 교과서, 교육과정, 교사 교육, 예비교사 교육에 대한 개혁이 단기간 내에 이루어질 수 없을 것이라고 생각한다면, 호손의 지적은 당연한 것이다.

호손은 학업성취도 국제비교연구의 실제적 가치는 상황이나 처지가 비슷한 국가의 교사들끼리 좀 더 훌륭한 수업 방법에 대하여 정보를 교환하는 것에 있다고 결론을 내렸다. 이러한 결론은 다음과 같은 주장에 기인한다. 첫째, 호손의 결론은 교사들 간의 상호작용과 정보 교환이 매우 중요하다는 마Lipping Ma의 주장과 훌륭한 수학수업의 열쇠는 교사들이 수업 아이디어를 공유하는 것이라는 볼Deborah Ball의 주장과 일맥상통한다. 둘째, 호손의 결론은 문화가 서로 다른 국가들을 비교하는 것은 교육 방법론에 있어서 유용하지 않다는 것이다. 영국과 미국은 일본이나 한국과 같은 방식으로 교육을 하지 않기 때문에, 서로에게 큰 도움이 되지 않을 수도 있다. 그러나 미국의 워싱턴주와 캐나다의 알버타주나 브리티시컬럼비아주에 속한 교사들 간의 상호작용과 정보 교환은 양쪽 모두에게 매우 유용할 수 있다. 또한, 호손은 정책 입안자나 외부 전문가로부터 촉발된 교육 개혁이 아니라 교사로부터 시작된 교육 개혁을 강조하고 있다. 그는 유럽에서 교사들 사이에 이루어졌던 상담 및 자문을 좋은 사례로 제시하였다. 마지막으로, 호손은 단위 학교 내에서 또는 같은 교육청 내의 인근 학교에서 이루어지는 교사들 간의 모임, 정보교환, 상담 및 자문 활동은 비교적 적은 비용으로 최대의 효과를 거둘 수 있다고 주장하였다.

캐나다 수학교육연구회Canadian Mathematics Education Study Group, 2006에서는 이러한 교사들 간의 모임을 후원한다. 교사들의 모임에서는 수업에 대한 아이디어나 생각을 교환하고 논의한다. 이 모임에는 경력 교사들이 참여하는 모임도 있고 초보 교사들이 참여하는 모임도 있다. 또한, 특정한 교육 현안을 논의하기 위한 임시 모임도 있다.

케이텔과 킬패트릭Keitel and Kilpatrick(1999)은 「학업성취도 국제비교연구의 타당성과 부당성Rationality and Irrationality of International Comparisons」이라는 논문에서 학업성취도 국제비교연구에 대하여 신랄하게 비판하였다. 케이텔과 킬패트릭은 표준편차나 점수 차의 의미에 대한 고려 없이 평균 점수에 기초하여 무의미하게 국가별 순위를 정하는 방식에 대하여 문제점을 지적하였으며, 호손과 마찬가지로 문화적 배경이 완전히 다른 국가들을 비교하는 것의 한계를 지적하였다. 또한 몇 가지 이슈들을 추가로 언급하였다. 박사학위, 특허권, 저명 학회지 발표, 국가 경제지표와 같은 수치들과 TIMSS 검사 점수 사이에는 어떤 상관관계가 있는가? TIMSS의 국가별 순위가 낮으면 창의성 수준이나 경제적 수준도 낮아질 것이라고 걱정하지만, 그것들 사이에 어떤 인과 관계가 존재한다는 연구결과는 없다.

학업성취도 국제비교연구에 대한 케이텔과 킬패트릭의 비판은 TIMSS 검사 결과를 해석하는 과정에서 나타난 부당성에 있다. 이들은 다음과 같이 적고 있다. "TIMSS는 교육 정책에 독으로 작용할 수 있다. 왜냐하면 정치가들과 연구자들은 TIMSS에서 자국의 수학 교육에 대하여 언급한 것들에 편승하려고 혈안이 되어 있다. … 학업성취도 국제비교연구의 결과는 교육 학술지에 발표될 것이고 언론에서도 그 결과를 타당하다고 대서특필할 것이다. … 연구를 수행한 연구자들도 연구결과에 너무 집착한 나머지 연구와 관련된 다른 기본적인 것들에 대하여 충분히 성찰하지 않았다."(Keitel과 Kilpatrick, 1999) 연구를 기획하고 재정적 지원했던 사람들이 특정한 재단이나 교과서 출판사와 관련되어 있다면, 연구결과에 집착하는 것은 어쩔 수 없을 것이다. 그들의 관심은 자신들의 주장을 뒷받침할 수 있는 연구결과를 원한다. 학업성취도 국제비교연구를 바탕으로 특정한 국가가 국가적으로 위기에 처하거나 국제적인 경제 경쟁에서 뒤처질 것이라고 주장한다면, 그 국가는 교육적 평등성과 같은 이슈들에 대해서는 별로 관심을 갖지 않을 것이다. 다음 장에서 자세하게 설명하겠지만, 교육적 평등성의 문제는 미국에서 매우 중요한 이슈이다.

## 학업성취도 국제비교연구는 국가별 교육과정에 어떤 영향을 주었는가?

지금부터는 수학교육을 개선하기 위한 몇 가지 관점을 제시하고자 한다. 구체적인 관점보다는 넓은 시각에서 다양한 관점을 제시할 것이다.

### 민속수학에 대한 재검토

민속수학은 전통주의와 구성주의에 대하여 심각하게 비판을 제기한다. 민속수학에 대하여 두 학자의 주장을 길게 인용하는 것도 의미가 있을 것이다. "21세기의 수학은 지구촌 곳곳에 스며들었으며 엄청난 과학적 발전을 가능하게 하였다. 그러나 그 이면에는 수많은 사람들의 희생이 있었으며, 유럽과 미국 중심의 가치관, 과학, 문화, 문명이 전 세계를 지배하게 되었다. 또한 수학은 지구의 역사상 가장 끔찍한 사회적, 과학적, 생태학적, 문화적 재앙을 일으키기도 하였다. 민속수학은 수학을 비판적이고, 도덕적이고, 통합적이고, 전 세계적인 관점에서 보려고 한다. 민속수학은 '신비로운 길을 발로 직접 걷는' 수학 교육과정이다."(Orey and Rosa, 2006)

미국의 교육에 대하여 연구한 데이비드슨Davidson(1990)은 수학점수가 높은 학생들이라도 수학에 대해서 별로 아는 것이 없다고 지적하였다. 학생들에게 특정 주제에 대하여 에세이를 써보라고 했을 때 바로 이러한 현상이 나타났다. 반대로, 수학 주제에 대하여 에세이를 쓸 수 있는 학생들은 그에 상응하는 수학적 지식을 갖고 있었다. 이러한 관점에서 보면, 수학교사들은 정치학, 해방주의적 이데올로기, 도덕적·문화적 제도에 대하여 더 많은 교육을 받아야 할 것이다. 좀 더 구체적으로 설명하자면, 매사추세츠대학교University of Massachusetts의 프랑켄슈타인Frankenstein 교수는 민속수학을 자본주에 대한 투쟁의 수단으로 보았다. 즉, "모든 교육의 주된 목표는 사회가 구조화되는 방식에 대한 신념을 타파하고, 인종차별, 성적차별, 연령차별, 동성애에 내한 편견, 독점 자본주의, 제국주의, 진체주의직 정부 구조사이의 상호관련성을 이해하고, 그러한 구조와 태도를 개편하며, 그러한 과업에 개별적 또는 집단적으로 참여하는 것이다."(Frankenstein n.d.)

민속수학의 창시자라고 할 수 있는 담브로시오D'Ambrosio는 「고등교육 연대기Chronicle of Higher Education」에서 이 문제를 다음과 같이 언급하였다. "수학은 전 세계를 정복하고 지배해 온 서구 문명과 절대적으로 결합되어 있다. 지구촌의 문명을 형성하는 유일한 방법은 패자의 자존심을 회복시킴과 동시에 승자와 패자가 함께 새로운 세상을 지향하는 것이다. 민속수학은 평화를 위하여 내딛는 발걸음이다."(Greene, 2000) 담브로시오는 기존의 서구 문명 중심과는 다른 관점을 제시한 것이다. 즉, 수학은 어느 사회에서든 창안될 수 있는 것이기 때문에, 서구 문명만이 아니라 다른 모든 국가와 민족도 수학적 발전에 기여할 수 있다는 것이다.

또한 민속수학은 디지털 장비에 대하여 우려하고 있다. 기초 교육을 하는 데 컴퓨터가 반드시 필요한 것은 아니다. 유럽과 미국의 교과서와 교육제도에서는 고급 수준의 테크놀로지 활용을 강조하고 있으나, 그러한 교육제도는 가난한 국가가 감당하기에는 너무나 많은 비용이 든다(Koblitz, 1996). 브라질과 포르투갈에는 많은 이민자들이 있기 때문에, 소수 집단에 대한 교육적 기회를 개선하는 데 관심이 많았다. 그로 인해 이 두 나라에서는 민속수학이 강조되었다. 민속수학에서는 수학교육을 위한 교육과정 모델을 제시하지 않으며, 수학을 어떻게 가르칠 것인지에 대해서 교사 교육 모델도 제시하지 않는다. 또한 대안적인 수학적 주제들을 제시하지도 않는다. 실제로, 극단적인 민속수학에서는 전통적인 수학교육, 개혁지향적인 수학교육 모두에 이의를 제기한다. 또한, 세상을 수량화하고, 측정·조작하는 수학학습은 전쟁, 식민지, 종족학살을 유발하기 때문에 아예 수학이 없는 것이 더 낫다고 주장한다. 더 나아가 민속수학은 인간의 가치에 초점을 둔 수학 교육과정을 주장한다.

## 구성주의에 대한 재검토

새로운 새 수학new–new math이라고 불리기도 하는 구성주의는 오랫동안 여러 가지 형태로 등장하였다. 유타주의 파크시티 수학연구소Park City Math Institute, PCMI는 프린스턴대학교의 고등학술연구원Institute for Advanced Studies, IAS과 공동으로 수학교육 프로그램을 운영하고 있다. 이 프로그램은 전통적인 수학적 기능뿐만 아니라 개별 또는 집단별 문제해결에서 탁월한 능력을 갖춘 대학원생을 양성하기 위한 것이다. 뉴햄프셔주에 위치한 필립스 엑스터 아카데미Philips Exeter Academy와 같은 최고 수준의 사립학교에서도 개교 이후 지금까지 수학교육에 소집단 학습과 같은 구성주의적 방법을 적용하고 있다(Mallinson, 2007).

이제 구성주의는 다른 교육 분야와 마찬가지로 미국과 유럽의 수학교육에서 지배적으로 적용되고 있는 교육 모델이다. 그러나 교실에서 실제로 수업이 어떻게 진행되고 있는지, 또는 교사들은 어떤 종류의 교수법적 지식을 갖고 있는지에 대해서는 잘 알지 못하기 때문에, 전통주의자와 구성주의자 간의 싸움은 그렇게 큰 의미를 갖지 못한다. 다시 말해서, 어느 특정 교육 이론이 다른 교육 이론을 대체하고 그 교육 이론에 따라 교과서가 집필된다고 해서, 그런 특별한 교육 이론이 실제 수업에 반영된다고 결론을 내릴 수는 없다. 미국에서 'Mathematicallycorrect'[6]와 'Mathematicallysane'[7]과 같은 웹사이트에서는 소속 교사들이 잘 훈련되어 있으며, 수학을 어떻게 가르쳐야 하는지에 대해서도 잘 알고 있다고 서로 주장한다. 국제적으로도 구성주의를 주장하는 쪽과 전통주의를 주장하는 쪽이 서로를 공격하며 전쟁을 하고 있다. 최근 짐바브웨의 대통령자문교육위원회Presidential Commission of Enquiry into Education에서는 영국식 교육 모델이 실패했다고 결론을 내렸으며, 그 원인을 새 수학의 실패라고 규정하였다. 이와 더불어 암기 수업과 엄격한 수학적 증명에서 탈피하는 창의적 수업의 중요성을 주장하였다. 이 자문교육위원회의 권고안에는 전통주의와 구성주의 양쪽의 주장들이 동시에 포함되어 있다. 영국에 있는 킬대학교Keele University의 '사고 수학Thinking Maths' 프로그램에서는 구성주의적 접근 방법을 다음과 같이 정의하고 있다.

"모든 수학수업은 기본적인 수학적 개념이 포함되어 있어야 하지만,

6) (역주) Mathematically correct는 전통적주의적 입장을 지지하는 교육자, 학부모, 수학자, 과학자들이 개설한 웹사이트로서 NCTM의 규준에 바탕을 둔 수학 교육과정에 대하여 비판적 입장을 취하고 있다.

7) (역주) Mathematically sane은 Mathematically correct의 주장에 대응하기 위하여 개설되었으며, 구성주의적 입장에서 수학교육에서 합리적 개혁을 주장하고 있다.

이 수학적 개념을 학습시키는 것에 직접 초점을 맞추기보다는 이 개념들을 이해하기 위한 접근 방식이나 과정에 초점을 두어야 한다. 또한 소집단별, 개인별, 또는 전체 논의가 강조되어야 하며, 여러 다양한 수준에서 그 개념을 구성하고 이해할 수 있어야 한다. 수업을 통하여 추구해야 하는 최종 목표는 특정한 지식이나 기능 자체를 습득하기보다는 사고 과정과 아이디어를 공유하는 것이다."(Keele University, p.1)

전통주의자들은 수업의 결과로 특정한 지식 및 기능과 더불어 사고 과정까지 길러진다면 금상첨화라고 주장할 것이다. 그러나 구성주의자들은 수업의 결과로 사고 과정이 나타나지 않는다면 그 수업은 의미 없는 수업이라고 주장한다.

개혁 지향적 미국 교육과정 중 하나인 'Connected Mathematics Project'는 NCTM의 규준에 따라 1991년부터 1997년까지 미시간주립대학교Michigan State University에서 개발되었다. 웹사이트에서는 이 교육과정이 교사가 안내자의 역할을 하는 문제해결 중심의 교육과정이며, 교사들은 깊은 수학적 지식이 있어야 한다고 소개하고 있다. 'Connected Mathematics Project'는 교사용 연수 자료를 제공하고 있다. 여기서 중요한 이슈는 미시간주립대학교에서 수행된 교육과정 연구의 한 부분인 교수법적 지식pedagogical knowledge에 대하여 우리가 충분히 알고 있는가 하는 것이다. 얼마나 많은 교사들이 수학에 대하여 깊이 있는 지식을 갖고 있는가? 이것은 미국에만 해당하는 문제는 아니다. 체코에서 발표된 최근 보고서에서도 이와 같은 문제를 지적하고 있다. 찰스대학교Charles University의 스텔리코바Stehlikova와 헤니Hejny는 교사가 자신의 수업 방법을 변화시키는 것이 얼마나 어려운지에 대하여 설명하였다. 이미 정착되어 있으며, 능력이 서로 다른 교사들로

채워진 교육제도를 변화시키는 것이 매우 복잡한 과제라는 점은 이미 UCLA의 스티글러와 히버트도 언급한 바 있다(Stehlikova and Hejny, 1999; Stigler and Hiebert, 1997).

앞에서 언급한 것처럼, 노르웨이가 적절한 교사 교육 없이 구성주의 교육과정을 도입하여 문제가 발생했던 대표적인 국가라면(Braams, 2002) 구성주의를 성공적으로 도입한 국가는 네덜란드일 것이다. 네덜란드는 여러 국제 성취도 검사에서 높은 짐수를 유지하고 있다. 네덜란드의 수학교육 모델은 프로이덴탈의 RME에 기초하고 있으며, 전통적인 알고리듬, 문제해결 전략, 구구단, 다른 절차적 기능을 학습하고 연습하는 데 있어서 구성주의적 모델을 접목시키고 있다(Hanlon, 1998, van den Heuvel−Panhuizen, 2000). 그러나 인도네시아의 줄카르디Zulkardi et al.(n.d.)와 위자자Widjaja(2004)를 포함하여 여러 학자들은 구성주의와 RME를 구분해야 한다고 지적한다. 다른 학자들도 기계적 학습을 강조하는 매우 구조화된 전통주의에서 교사가 탐구를 유도하고 교사의 수학적 지식 및 수학교수법적 능력을 요구하는 RME나 구성주의로 전환하는 것의 어려움을 주장하였다. 브라질의 몬테이로Monteiro와 핀토Pinto(n.d.) 그리고 가나의 플래처Fletcher(2005)와 말레이시아의 잔잘리Zanzali(2003)도 새로운 교수법을 사용하도록 교사를 교육하는 것은 어려운 일이라고 같은 관점을 제시하였다. 실제로, 잔잘리는 “수학 교육과정에서 의도되었던 구성주의적 교육철학이 실제 수업에서는 나타나지 않는다.”(p.37)라고 지적했다.

엘리스와 베리Ellis and Berry(2005)는 구성주의는 완성된 교육과정이라기보다는 진행 중인 교육과정이라고 주장하면서 다른 견해를 제안하였다. 이들은 전통주의를 ‘절차적−형식주의적 패러다임’이라고 명명하였고, 새로운 접근 방식을 '인지적-문화주의적 패러다임'이라고 명명하였다. 새로운 패러다임이 등장함에 따라, 교육과정 개발자와 교사들은 "엄격하고 획일적인 수업 진행과 정적이고 단일한 평가 기준에서 탈피하여 의도적으로 다양한 수업 방법을 추구하고 다양한 평가 기준을 개발하게 된다." 구성주의적 접근 방식의 한 가지 사례는 1986년에 시작된 21세기 수학교육프로젝트the Mathematics Education into the 21st Century Project에서 찾아볼 수 있다. 이 단체에서는 문제해결, 테크놀로지의 활용, 새로운 평가 방법, 문화적 차이를 고려한 수업, 성차와 사회적 장벽 극복, 교육과정 개선, 교사 교육 및 재교육, 정부의 교육 정책, 학교 제도, 수업 실행, 일상생활에서의 통계학 사용, 교수·학습에서 새로운 패러다임의 효과적인 적용, 풍부한 학습과제, 일상생활에서 수학적 모델링, 컴퓨터 그래픽 등이 포함된 '슈퍼 코스Super Course'를 개발하기 위한 회의를 개최하였다. 부탄 정부는 가난한 국가의 입장을 제시하였으며, 그라우스와 케블라Grouws and Cebulla(2001)가 집필하고 UNESCO의 국제교육위원회에서 출판한 교사용 안내 자료에서는 기술공학이 발달한 국가와 그렇지 못한 국가 양쪽의 요구에 부합할 수 있는 좀 더 포괄적인 수학교육의 예를 제시하였다.

구성주의는 수 세기 동안 제시되었던 수학교육 모델 중에서 정말로 훌륭한 것인가? 구성주의는 여전히 진행 중인가? 구성주의는 RME와 전통주의에서 강조되었던 기초적인 것들에 대해서 실제로 소홀히 하고 있는가? 구성주의는 수학교사들에게 너무 많은 수학적 내용 지식과 교수법적 지식을 요구하는 것은 아닌가? 구성주의에 문제가 있다면, 이론에 문제가 있는가? 교육과정에 문제가 있는가? 아니면 교사 교육에 문제가 있는가? 전통주의에 관한 다음의 논의들을 살펴보면,

전통주의에 대한 비판에 대하여 무엇을 비판하고 있고, 그러한 비판에 대하여 어떻게 대응하고 있는지를 알 수 있을 것이다.

## 전통주의에 대한 재검토

수학에 관한 논쟁에서 전통주의적 수학교육을 옹호하는 사람들이 매우 중요한 역할을 해왔기 때문에, 마지막으로 전통주의를 논의하는 것은 의미가 있다. 수학에 관한 미국 내의 논쟁에 대해서는 다음 장에서 자세하게 다룰 것이다. 전통주의적 수학교육자들이 수학교육의 전반적인 문제점들을 해결하기 위하여, 여성과 소수 집단이 쉽게 접할 수 있는 수학을 만든다거나 보통 수준의 학생들에게 표준 알고리듬의 논리적 구조를 이해시키기 위하여 노력했던 것들이 성공적이었는지는 분명치 않다. 그러나 수학적 지식의 획득만을 강조함으로써 야기되는 수학교육의 문제점들을 해결하지는 못하였다. 앞에서 언급한 바와 같이, 현대의 학생들은 그래픽 프로그래밍을 하기 위하여 사원법, 테일러 급수, 프랙탈 기하학을 배우기 원할 것이다. NCTM에서는 통계학을 더 많이 가르칠 것을 권고하고 있다. 이 분야는 유럽에서 더 많은 관심을 갖고 있으며, 일반 시민이나 학자들 모두에게 유용한 수학 분야이다. 그런데 수학 교육과정에 이러한 내용들이 추가된다면, 어떤 내용들이 삭제되어야 하는가?(Warfield, 18 September 2007)

전통주의자들은 수학에 관한 논쟁에서 다음과 같은 네 가지 주장을 내놓는다. 첫째, 전통주의자들은 아시아 국가들의 높은 수학점수와 영미 계열 국가들의 낮은 수학점수를 비교한다. 특히 일부 전통주의자들은 부모의 양육 태도나 교사 교육에서의 차이점을 고려하지 않은 채, 그리고 싱가포르 역시 구성주의적 교육 방식을 도입하려고 움직이고 있다는 점을 인식하지 못한 채, 아시아 국가들의 탁월한 교육 효과를 본받기 위하여 싱가포르 교과서를 도입하기도 한다. 둘째, 구성주의적 교육과정에서는 기초 기능과 방법을 학습하는 것에 관심을 두지 않기 때문에, 학생들은 이전 세대보다 훨씬 더 적은 수학적 지식을 갖게 된다고 전통주의자들은 주장한다. 셋째, 전통주의자들은 표준적인 교육과정을 완벽하게 이수하기를 요구한다. 이 표준교육과정에는 곱셈 구구단 암기, 지필 계산, 기초 기하학, 증명, 수학공식 등이 포함되어 있으며, 모든 학생들은 8학년에 대수학을 공부해야 하고 고등학교에서는 미적분학을 공부해야 한다. 미적분학은 미국의 전통주의자들이 생각하는 최종의 수학학습 목표이다. 그러나 유럽의 수학교사들과 마찬가지로 미국의 구성주의자들은 통계학이나 응용수학을 더 많이 가르쳐야 한다고 주장한다. 넷째, 전통주의자들은 수학과 과학 과목을 이수하는 미국 학생들의 수가 줄어들고 있다는 점을 우려하고 있다.

이러한 전통주의자들의 주장을 비판하는 사람들은 전통주의자들의 방법은 엘리트 학생들에게나 적절한 것이지, 보통의 학생들에게는 적절하지 않다고 지적한다. 여기서 핵심적인 철학적 이슈는 평등성이다. 앞에서 가정한 바와 같이, 또 다른 이슈는 엘리트 학생들이 구성주의적 방식으로 교육을 지속적으로 받았다고 하더라도 구성주의적 교육 이론이 전 세계의 교실에서 실제로 구현될 것인지는 분명하지 않다. 왜냐하면 교사 교육 및 실제 수업은 교육 이론이나 교과서 개발과 별개일 수 있기 때문이다.

전 세계의 교실에서 어떤 일이 일어나고 있는지에 대한 연구는 꽤 많이 있다. 2006년에 실시된 한국과 미국의 교육에 대한 연구에서

멕너트와 원McNaught and Won은 다섯 가지 요인이 두 나라의 수업 방식의 차이점을 56% 정도 설명한다고 밝혔다. 그러나 이 연구에서는 교사들의 배경을 고려하지 않았다. 이와 대조적으로, 중국과 미국 수학교사의 차이점을 분석한 마Ma(1999)의 연구는 교사 교육과 교사 책무에 주로 초점을 두었다. 그녀의 연구에 따르면, 중국 교사들은 수학에 폭넓은 배경 지식을 갖고 있으며, 대부분의 미국 교사들이 해결하지 못하는 수학문제를 해결할 수 있었으며, 수학 교과만을 가르치는 것으로 나타났다. 또한, 싱가포르의 높은 수학점수를 본받기 위하여 싱가포르 수학교과서를 도입했던 미국의 지역 교육청을 대상으로 연구를 실시하였다. 그 결과, 연구를 실시한 교육청에서 3개 학교만 더 높은 점수를 보였다. 반면에, 연구에 참여했던 많은 학교들이 중도에 탈락하였다. 전통주의 옹호자인 게렐릭Garelick(2006)은 이 연구를 심도 있게 분석한 다음, 싱가포르 수학교과서의 문제점을 지적하였다. 즉, 싱가포르 수학교과서는 미국의 여러 주에서 실시하는 검사에는 부합하지 않으며, 맥락적인 예들이 부족하고, 교사들 또한 그 교과서를 충분히 활용할 수 있을 만큼의 준비가 되어 있지 않았다. 그는 싱가포르 교사들은 수학에 대하여 훨씬 더 많은 지식을 갖고 있다고 결론을 내렸는데, 이러한 결론은 마Ma의 연구결과와 일치하였다.

켄트주립대학교Kent State University의 아후자Ahuja(2006)는 전통주의와 다른 교육 이론에 대한 연구를 토대로 몇 가지 유용한 제안을 하였다. 그는 전통주의적 패러다임과 구성주의적 패러다임을 결합한 다음, 이러한 통합적 패러다임을 구현하기 위한 교과서를 개발하고, 교육적 평등성을 고려하며, 전 세계의 수학 교실이 대단히 수준이 높으면서도 잘 훈련된 충분한 보상을 받는 교사들로 가득 차게끔 노력해야 한다고 주장하였다.

## 서로 다른 결론

앞에서 여러 가지 패러다임과 이론들을 비교하면서 수학교육에 대한 전 세계적 논쟁을 살펴보았지만, 최종적인 논의는 교사가 수학을 얼마나 알고 있는지, 그리고 수학을 가르치는 방법을 잘 알고 있는지로 귀결된다. 교사가 수학을 잘 아는 것과 수학을 잘 가르치는 것은 차이가 있다. 수학교육에 대한 전 세계적 논쟁에 있어서 또 다른 핵심 이슈는 교육과정의 내용과 교육적 평등성에 관한 것이다. 교육과정의 내용에 관한 이슈는 미적분학, 실용수학, 통계학, 응용수학을 교육과정에 포함시킬 것인지에 대한 것이다. 또한 교육적 평등성에 관한 이슈는 엘리트 학생만이 아니라 모든 학생들을 어떻게 교육에 참여시킬 것인지에 대한 것이다. 끝으로, 스티클러와 히버트뿐만 아니라 다른 연구자들은 수학교육 개혁은 진공 상태에서 결코 일어나지 않는다고 지적하였다. 수학교육을 개선하기 위해서는 교사 선발 제도, 교사 양성 제도, 예비교사 교육, 학생 선발 제도, 교육과정에 대한 학부모 이해, 다른 사회적·문화적 요인들을 충분히 고려해야 한다. 그러나 무엇보다 중요한 것은 수학교사이다. 우리는 수학교사들이 무엇을 알고 있는지 잘 알지 못하며, 가장 훌륭한 수학교사를 양성하는 방법에 대하여 더 많이 알아야 할 필요가 있다.

제2장

# 미국의 딜레마

앞 장에서는 전 세계적 관점에서 수학교육을 살펴보는데, 지금부터는 미국의 수학교육 개혁에 대하여 논의하고자 한다. 즉, 학생들의 수학학습을 개선하고자 하는 미국의 국가적 노력에 초점을 맞추고자 한다. 전문 학술지나 논문뿐만 아니라 신문이나 뉴스 매체에서는 학교가 학생들의 성취도를 적극적으로 개선해야 한다고 주장하고 있다. 많은 정책 입안자들, 교육자들, 그리고 일반인들은 학업성취도 국제비교연구의 결과를 보고 미국이 처한 현재의 상태를 국가적 위기로 보고 있다. 심지어는 이것을 피할 수 없는 경제적 위기의 전조라고 보고 있다. 이러한 생각은 지난 수년 동안 지속되어 온 미국의 수학교육의 특성을 잘 나타내고 있다.

1981년에 미국 교육부장관 벨T.H. Bell은 미국의 교육제도에 심각한 문제가 있다는 일반 여론에 대처하고자 국가교육개선위원회National Commission on Excellence in Education를 설립하였다. 이 위원회에서 발간한 보고서 「국가적 위기A Nation at Risk」에서는 교육과 관련된 문제점을 지적하고 개선안을 제안하였다. 1983년 이후 교육 개혁은 정부 기관의 주도하여 진행되었으며, 학생들의 성취도를 향상시키기 위하여 규준을 상향 조정하고 교수법을 개선하는 데 초점을 두고 있다(Martin and Crowell, 2000). 낙오학생방지법No Child Left Behind, NCLB이라고 알려진 부시 대통령George W. Bush의 2001년 초·중등교육법Elementary and Secondary Education Act이 2002년에 통과되었다. 이 법안은 다음과 같은 네 가지 원리를 담고 있다. 즉, 학생 성적에 대한 책무성, 지역 교육청의 역할 및 융통성 인정, 부모의 선택권 강화, 효과적이고 성공적인 프로그램을 말한다. 이 원리들을 따른다고 해서 교육적 성공이나 효과를 보장하지는 않기 때문에, 누구에게 효과적이고 어떤 규준으로 평가되었는지에 대해서 살펴보는 것이 타당할 것이다.

1880년대 이후, 미국의 교육목표 중 하나는 국민들을 다양한 직업에 종사하도록 준비시키는 것이었다. 또한, NCLB는 모든 학생들의 높은 학업성취도를 담보하기 위한 법안이었다. 여러 교육자들의 관점을 종합해 보면, 모든 학생들의 학업성취도를 향상시키라는 법안 속에는 「How People Learn : Brain, Mind, Experience, and School (National Research Council, 1999a)」와 「How People Learn : Bridging Research and Practice(National Research Council, 1999b)」과 같은 정부 보고서 및 교육 관련 문헌에 기술된 인간의 학습에 대한 최신 이론, 케인Caine(1991)의 「Making Connections : Teaching the Human Brain」와 같은 인지적 연구를 학생들의 교육에 적용해야 한다는 취지가 포함되어 있다. 이 보고서들은 워싱턴주뿐만 아니라 미국 전역에 걸쳐서 채택되었던 '강력한 교수·학습powerful teaching and learning'의 원리를 지지하고 있으며, 이 원리는 개혁 지향적 교육 또는 구성주의라고 불리기도 한다. 이 원리에 따르면, 교사는 각 학생들의 필요와 요구에 맞게 개별 학습을 실시해야 하며, 학생들이 능동적으로 학습에 참여하고 실생활 상황에서 학습하게 하는 학습자 중심의 학습 환경을 조성해야 한다(Sutherland, 1992). 하이엘Hyerle(1996)은 수업에 대한 이러한 변화, 즉 행동주의로부터의 변화를 '인지적 혁명'(p.13)이라고 불렀다. 뉴먼Newmann과 웰러지Wehlage는 교육에 대한 이러한 진정한 변화를 5가지 요소로 구분하여 제시하였다(1993).

① 고등 사고 능력
② 지식의 깊이
③ 실세계와의 연계성
④ 실제적인 대화
⑤ 학생들의 학업성취도 향상을 위한 사회적 지원

이상의 모든 것은 다른 형태의 평가 방법을 요구한다. 교육과 평가 방법에 대한 이론적 모델은 변했지만, 실제 수업은 변하지 않았다(Baker, Gratama, and Bachtler, 2002; Baker, Gratama, and Bachtler, 2003). "학부모들은 수학, 과학에 대하여 전문가들만큼 걱정하지 않는다."라는 제목으로 에듀케이션 위크Education Week에 실린 데이비스Davis(2007)의 기고문에 따르면, 수학교육의 내용을 어떤 것으로 할 것인지 그리고 수학을 어떻게 가르쳐야 할 것인지에 대한 일반인들의 기대와 생각도 변하지 않았다.

## 무엇이 문제인가?

많은 미국인들이 "자신은 수학을 잘 못한다."라고 말한다. 더욱이, 그들은 그것에 대해서 부끄러워하지도 않는다. 그러나 읽기를 잘 못한다고 말했을 때는 그 점에 대해서 쉽게 수긍하지 않는다. 왜냐하면, 문맹은 무식함이나 배우지 못함, 심지어는 우둔함과 동일시되기 때문이다.

수학을 잘 못한다는 것은 수긍하면서, 읽기를 잘 못한다는 것은 수긍하지 못하는 이유는 무엇인가? 수학과 수학교육에 관한 미국의 국가 보고서를 검토한 결과, 다음과 같은 네 가지 설명이 가능하다.

첫째, 사람들은 수학은 태어날 때부터 재능이 있어야 할 수 있는 분야라고 생각한다. 워싱턴주와 매사추세츠주에서 실시한 여론조사에 따르면, 성인의 $\frac{1}{3}$은 "똑똑한 사람들도 수학을 잘 못할 수 있다."라는 데 동의하였다. 불행하게도, 훌륭한 교육을 받더라도 수학을 배울 수 있는 학생은 그리 많지 않다고 생각하는 교사들도 많다.

둘째, 많은 성인들은 우리에게 필요한 수학은 '물건 값을 계산할 수 있는 정도의 산술'이라고 생각한다. 고등 수준의 수학은 전문가들에게나 필요한 것이지, 모든 학생들이 대수학, 기하학, 통계학 또는 주나 연방 정부의 규준에서 요구하는 고급 수학을 배울 필요는 없다.

셋째, 수학은 단지 엘리트들만을 빛나게 하는 과목이다. 따라서 교육자들은 수학을 잘하는 사람과 못하는 사람들로 분류해서 못하는 사람들은 처음부터 못하게 해야 하고, 심지어는 수학을 잘 못하는 학생들을 위하여 대학에서 실시하는 보충 교육도 중단시켜야 한다고 주장한다.

넷째, 컴퓨터 과학, 물리학, 경제학, 기술공학, 로켓 사이언스와 같이 수학을 필요로 하는 직업에 종사할 사람들에게만 고등 수준의 수학을 가르쳐야 한다. 모든 사람들보다는 특정한 사람들에 한정하여 교육을 시키는 이유는, 결국 국가는 수학을 필요로 하는 분야의 직업에 종사할 탁월한 능력을 갖춘 인재를 충분히 확보할 필요가 있기 때문이다.

수학에 대해 '우리가 사는 물리적 세상이 돌아가는 원리를 설명하는 언어'라고 생각하는 사람들은 그리 많지 않다. 그러나 어떤 사람들은 수학의 즐거움과 유용성을 나이가 들어서 발견하거나 깨닫기도 한다. NCTM의 수학교육 목적에 동조하는 교사들 중에는 어렸을 때 수학을 충분히 배우지 않았지만 나중에 교사 교육 프로그램과 교사의 전문성 개발 프로그램을 통하여 수학을 좋아하게 된 교사들도 있다. 이러한 교사들은 학생들이 수학에 대하여 부정적인 태도를 갖기 전에 어렸을 때부터 수학을 접할 수 있도록 하기 위하여 수학교육 개혁에 열정적으로 헌신한 사람들이다.

수학에 대한 이상의 견해에 비추어 볼 때, 다른 나라와 마찬가지로 미국도 어떤 수학을 가르쳐야 하는지, 그리고 학생들에게 어떤 수준의 수학적 소양을 갖게 할 것인지를 결정하는 데 어려움이 있다. 1장에서 지적했듯이, 이러한 논의의 초점은 교육적 평등성이 교육의 목적이 되어야 하는지, 아니면 엘리트를 양성하는 것이 교육의 목적이 되어야 하는지에 관한 것이다. 어떤 경우든 교수·학습의 중심에는 교사의 전문성뿐만 아니라 교사의 태도가 놓여 있다.

## 수업의 문제

교육자들도 문맹을 개선하기보다는 수학성취도를 개선하는 것이 훨씬 더 어렵다는 데 동의한다(Mass Insight Education and Research Institute, May 2004). 높은 수준의 수학적 능력을 갖춘 학생들을 육성하기 위해서는 수량적 정보를 추상적으로 생각하고 다단계의 복잡한 계산을 쉽게 수행할 수 있도록 하는 교수·학습이 필요하다. 그러나 대부분의 교사들은 수학이 절차적이며, 해결 방법과 정답이 한 개만 존재하는 정형화된 문제를 다루는 과목으로 인식하고 있다(Ma, 1999; Stigler and Hiebert, 1999). 많은 수학자들이 이러한 전통적이고 정형화된 수학교육 방식이 최상이라고 주장한다. 또한, 모든 수학은 덧셈, 뺄셈, 곱셈, 나눗셈으로 압축될 수 있다고 학생들에게 말하는 교사들도 있다. 그러나 이러한 시각은 최근에 부각되고 있는 첨단기술 산업 사회에 부합되지 않으며, 모든 학생들이 수량적 정보를 추상적으로 사고할 수 있도록 하는 교육적 목적에도 부합하지 않는다. 그래서 수학교육의 내용과 방법을 넓히고 다양화하려고 시도한 NCTM, 미국 연구재단National Research Council, NRC, 그리고 다른 기관들이 수학교육을 개선하려고 많은 노력을 했지만, 기초로 다시 돌아가야 된다는 반발에 직면하고 있다(National Council of Teacher of Mathematics, 2000; National Research Council, 2001).

또한, 미국의 수학교육은 몇몇 연구 보고서에서 말한 소위 '행복요인'에 영향을 받는다. 미국의 교육자들은 교육의 중요한 목적을 자신감, 자신과의 관련성, 즐거움을 주는 것이어야 한다고 주장한다. 대부분의 미국 학부모들도 자녀들이 학교를 좋아하고 학습에 대한 자신감과 능력을 갖기 바란다. 그러나 TIMSS의 결과에서 발표된 바와 같이, 수학성취도가 높은 국가들에서는 교육의 최우선 목표를 행복에 두지 않았다. 사실 학생들은 수학을 많이 알면 알수록 수학학습에 대한 행복감이 오히려 줄어든다(Loveless, 2006). 구성주의자들은 학생들 스스로 정답을 찾게 하는 구성주의적 교육 방법이 정형화된 해결 방법을 찾게 하는 교육과정보다 학생들에게 더 많은 만족감을 줄 수 있다고 주장한다.

NCLB와 같은 교육 정책 및 NCTM과 같은 새로운 교육과정 규준을 수용하라는 지속적인 요구는 미국의 수학교육에 끊임없이 영향을 주었다. "실험은 실제를 변화시킨다."라는 하이젠버그Werner Heisenberg의 관찰 원리가 여기에 적용될 수 있다. 미국의 경우에, 새로운 교육과정이 성공할 만큼 충분한 시간을 주어지지 않았으며, 교사들 또한 변화된 교육과정을 수행할 준비가 되어 있지 못하였다. 또한, 학교에서 변화와 성과가 일어날 때까지 인내심을 갖고 기다려주지 않고 성급하게 성과를 기대하였으며, 긍정적인 변화와 성과를 내지 못한 사람들을 비난하는 경향이 있었다. 결과적으로, 개혁의 시계추는 한 쪽에서 다른 쪽으로 왔다 갔다 하였으며, 학부모들은 자녀들이 실험용 쥐가 되는 것에 대하여 불평을 하였고, 교육자들은 "이것도 역시 그냥 지나갈 것이다."라고 말하였다. 교육적 변화에 대하여 많은 연구를 수행한 풀런Michael Fullan은 어떤 큰 교육적 변화가 제도화되는 데는 최소한 3~5년이 걸린다고 주장하였다. 이 기간은 교육적 개혁이 안정적으로 정착하기까지의 '과도 기간'이다. 교육적 개혁이 시도되었을 때 필연적으로 발생하는 사회적 반발로 인하여, 학교 당국자들은 새로운 교육 프로그램을 충분히 시도하지도 않은 채 포기하거나, 비평가들이 지적하는 쪽으로 방향을 전환한다(Fullan, 1993; 2001;

2003; 2008). 이것은 1장에서 제시한 일차적 변화와 이차적 변화에 대한 설명과 관련이 있을 것이다. 다음 장에서는 대규모의 교육 개혁이 성공적으로 정착하기 위해서는 무엇이 필요한지에 대하여 살펴볼 것이다.

## 평등성의 문제

수학적 소양은 높은 임금과 지위가 보장된 직업을 갖는 데 중요한 요소이기 때문에, 수학교육은 일반 시민이면 누구나 누려야 할 시민의 권리가 되었다. "수학은 오랫동안 일종의 필터의 역할을 해왔다. 수학 과목은 전통적으로 기술공학적 소양을 갖추기 위한 핵심적인 요소였으며, 고등교육을 받기 위한 중요한 관문이었다."(Schoenfeld, 2002, p.13) 빈민층 학생과 소수 민족 학생들의 수학성취도는 대체로 낮게 나타났다. 이런 이유로, NCLB법안은 네 개의 집단, 즉 빈민층 학생, ESL 학생, 소수 민족 학생, 특별 교육이 요구되는 학생들을 대상으로 하여 '학업성취도 격차'를 줄이는 데 그 목적이 있었다. 각 학교에서는 이러한 격차를 줄이기 위하여 무엇을 할 수 있을까? NCTM(2000)의 「학교수학을 위한 원리와 규준Principles and Standards for School Mathematics」에서는 평등성을 수학교육의 최우선 목표로 제시하였다. 이 평등성이라는 교육목표를 어떻게 달성할 것인지에 대해서는 교육적으로 그리고 사회적으로 많은 논란이 있다. 모든 학생들에게 높은 수준의 수학교육을 제공해야 한다는 노력은 여러 가지 측면에서 어려움에 봉착해 있다. 예를 들어, 텍사스주의 한 교육청에서 실시한 연구에 따르면, 학업성취도가 낮은 학생들은 우수한 교사보다는 그렇지 못한 교사에게 배정되는 경향이 매우 높았다(Hall and Kennedy, 2006). 이 문제에 대해서는 다음 장에서 자세하게 논의할 것이다.

스티글러와 히버트는 「The Teaching Gap(1999)」에서 TIMSS의 결과에 기초하여 이 문제를 좀 더 심도 있게 분석하였다. 이들의 결론은 다음과 같다. "문화적 활동은 문화적 규범을 통하여 나타나며, 참여자들의 머릿속에 들어 있는 일반화된 지식이다. 이러한 문화적 규범은 참여자들이 어떻게 행동해야 하는지를 안내하고 지시한다. 한 문화 내에서 이러한 규범은 쉽게 보이지 않지만 널리 공유되어 있다."(p.85) 스티글러와 히버트는 수업은 일종의 문화적 활동이라고 주장하였으며, 미국과 일본의 교수·학습 방법에 대한 비교를 통하여 이 점을 강조하였다. 즉, 미국과 일본은 교육에 대한 문화적 신념에 차이가 있다는 것이다. 스티글러와 히버트에 따르면, 미국 교사들은 학교수학을 문제해결을 위한 절차들을 모아놓은 것으로 보고, 수학 학습은 수학적 용어를 배우고 수학적 기능을 연습하면 되는 것으로 본다(Stigler와 Hiebert, 1999). 반면에, 일본 교사들은 수학을 다른 방식으로 접근한다. 그들은 수학을 개념, 사실, 절차들 간의 관계를 모아놓은 것으로 보고 있으며, 학생들은 그러한 관계를 흥미롭게 탐구하고 수학적 사고 기능을 개발해야 한다고 생각한다. 미국 교사들은 "수학은 수학적 기능들을 차례대로 익힘으로써 학습되는 과목이기 때문에, 혼란과 실패를 최소화해야 한다."(p.90)라고 생각한다. 반면에, 일본 교사들은 수학을 학습하는 데 있어서 학생들이 혼란과 실패를 겪어야 한다고 생각한다. 미국 교사들은 '혼란 또는 실패와 같은 경험은 학생들이 수학을 잘 못하는 징후(p.92)'로 판단한다.

일본 교사와 미국 교사들은 학생들의 개인차에 대해서도 서로 다른 견해를 갖고 있다. 학생들의 개인차를 고려하여 모든 학생들의 요구에 부합하는 수업을 하기 위해서는 학생들의 능력을 진단하여 서로 다른 수준의 교수·학습을 제공해야 한다. 미국 교사들은 이러한 개인차를 극복하는 것을 매우 어려운 과제로 인식하고 있다. 그러나 일본에서는 개인차를 학습자들 사이에서 발생하는 자연스런 현상으로 보고 그것을 적극적으로 해결하려고 한다(p.94). 스티글러와 히버트는 미국 교사와 일본 교사들은 시각적 교구를 사용하는 방식에 있어서도 차이가 있다고 지적하였다. 미국 교사들은 모든 학생들이 교사의 설명에 집중시키기 위한 수단으로 OHP를 사용하는 반면에, 일본 교사들은 학생들의 참여를 유도하기 위하여 OHP를 사용하는 경향이 있었다. 미국의 모든 교사들이 그렇다고 일반화할 수는 없을 것이다. 다음 장에서 논의하겠지만, 워싱턴주의 교사들을 포함하여 미국 교사들 중에는 학생들의 개인차를 능숙하게 처리할 수 있고, 수학적 능력이나 문제해결 방식에 있어서 개인차가 있는 학생들을 소집단 속에서 협력하여 학습하도록 안내할 수 있는 교사들도 있다.

스티글러와 히버트는 연구의 결과를 다음과 같이 요약하였다. "수업이 문화적 활동이 아니라면, 교사용 지도서에 더 좋은 자료나 정보를 제시하거나, 전문가에게 더 나은 수업 방법을 제시하라고 하거나, 더 효과적인 수업 방법에 관한 자료를 배포함으로써 수학교육을 개선할 수 있었을 것이다. 이것이 바로 지금까지 우리가 해왔던 방식이다."(p.101) 수업은 바뀌지 않는다는 뿌리 깊은 문화적 속성으로 인하여 우리는 수업 자체에 초점을 두지 않았었다고 스티글러와 히버트는 결론을 내렸다. 즉, "수업은 우리의 문화 속에서 언제나 변함없이 고정되어 있다고 생각하기 때문에, 어떻게 변화될지를 상상할 수 없을 뿐더러 변화될 것이라고 믿지도 않는다."(p.103) 최근의 연구에 따르면,

미국에서 수학에 대한 생각과 수학을 가르치는 방법에 대한 생각이 문화적 관점에서 변화되지 않는 한, 수학적으로 뛰어난 학생과 그렇지 않은 학생 간의 격차를 해소할 수 없을 것이라고 주장한다.

## 모든 학생들이 수학을 배울 수 있는가?

어떤 학자들은 모든 학생들이 수학을 학습할 수 있다고 생각한다. "우리는 지난 2세기에 걸친 연구를 통하여…(중략) 모든 학생들이 수학적으로 사고하는 것을 학습할 수 있다는 확신을 갖게 되었다. 미국 전역에 걸쳐서 수학성취도가 높은 학교도 많이 있다. 또한, 학생들의 수학성취도가 다소 낮은 학교에 대해서는 특별 프로그램을 운영해오고 있다."(National Research Council, 2001, p.16) 키친Kitchen과 그의 동료들(2007)은 「가난에 효과적으로 대처한 학교의 수학교육Mathematics Education at Highly Effective Schools that Serve the Poor」이라는 책에서, "가난으로부터 유발되는 교육적 불평등을 극복했던 학교에는 세 가지 중요한 해결책이 있었다."(p.3)라고 결론을 내렸다. 그 해결책은 높은 기대수준, 도전적인 수학 내용과 높은 수준의 수학 수업, 그리고 교사들 사이의 관계 형성이었다. 이러한 결론은 WSRC에서 실시했던 연구결과와 일치하는 것이다. 키친Kitchen과 그의 동료들은, "성공적이지 못한 학교에서는 높은 수준의 사고력과 비판적 사고 기능을 강조하기보다, 표준화 검사를 잘 보기 위한 기계적인 기능들을 가르치는 데 초점을 두고 있다. 이로 인하여 학생들에게 낮은 성취 수준을 요구하게 되고, 결국에는 가난한 가정의 학생들에게는 부정적으로 작용하였다."(p.2)라고 지적하였다.

수학교육을 다음과 같이 단순하게 생각하는 사람들도 있다. 즉, 교사가 가르치면 학생들은 배울 것이다. 그러나 그렇게 하기 위해서는 첫째, 교사는 무엇을 가르칠 것인지에 대해서 결정해야 한다. 둘째,

교사는 가르칠 수학 내용을 어떻게 가르칠 것인지에 대해서 결정해야 한다. 그러나 교사들이 수학 내용을 충분히 알지 못하며, 교사 교육 프로그램에서도 수학 내용이 소홀히 취급된다는 비판도 있다(예를 들어, Greenberg와 Walsh, 2008). 무엇을 가르칠 것인지에 대한 논쟁은 미국에서 논의되고 있는 수학교육에 대한 논쟁의 극히 일부분이다.

## 미국의 수학 규준

수학 규준mathemaics standards을 국가적으로 정하지 않고 주별로 정한다는 점에 있어서, 미국은 대부분의 다른 나라와 차이가 있다. 주별 수학 규준의 차이점을 해결하고 공통적인 수학교육의 목표를 정하기 위하여, NCTM에서는 1989년에 『학교수학을 위한 교육과정과 평가 규준Curriculum and Evaluation Standards for School Mathematics』을 발간하였다. NCTM은 수학학습 목표를 일련의 규준으로 정의한 최초의 전문가 단체였다. 1989년 이후에 1991년에는 『수학교육을 위한 전문성 규준Professional Standards for Teaching Mathematics』을, 1995년에는 『학교수학을 위한 평가 규준Assessment Standards for School Mathematics』을 발간하였다.

NCTM에서 2000년에 발간한 「학교수학을 위한 원리와 규준Principles and Standards for School Mathematics」은 1989년부터 연구했던 모든 것들을 종합해 놓은 것이다. 이 보고서의 개정판으로 2003년에 발간된 「연구 보완자료Research Companion」는 앞서 출간된 보고서의 부족했던 부분들을 보완한 것이다. 2005년에는 「규준과 교육과정 : 국가적 관점Standards and Curriculum : A View from the Nation」을 발간하였다. 이 보고서는 파크시티 수학컨퍼런스Park City Math Conference와 수학담당 장학사협의회Association of State Supervisors of Mathematics의 도움으로 개발되었다. 이 보고서의 서문에는 "각 주별로 수학 규준이 계속 개발된다면, 머지않아 미국도 사실상 국가적 수준의 교육과정을 갖게 될 것이다."(p.1)라고 적고 있다. NCTM(2006)의 가장 최신 보고서인 「K−8학년 수학을 위한 교육과정 핵심 성취 기준Curriculum Focal Points for

Prekinderdarten through Grade 8 Mathematics : A Quest for Coherence」은 수학 규준에 대한 접근 방식을 좀 더 개선할 필요가 있다는 요구에 부응하여 발간된 것이다. 즉, 유아 수학교육자들은 유아나 저학년의 아동들에게까지 세분화된 학년별 성취 기준을 부여하는 것은 아동들의 인지 발달에 부정적인 영향을 줄 수 있다고 우려한다(Richardson, 2008).

2000년에 발간된 「학교수학을 위한 원리와 규준」에 제시된 5가지 원리는 평등성 원리, 교육과정 원리, 교수 원리, 학습 원리, 평가 원리, 기술공학 원리이다(p.6). 또한, NCTM의 규준은 수학학습을 통하여 학생들이 무엇을 알아야 하고 무엇을 할 수 있어야 하는지를 기술한 것이다(p.7). 수학 규준은 내용 규준과 과정 규준으로 나누어진다. 다음 다섯 가지 내용 규준은 수학의 내용 영역에 대한 학습 목표이다.

- 수와 연산 : 기초 연산, 수 체계, 어림
- 대수 : 미지수의 기호적 표현
- 기하 : 2차원 도형 및 3차원 도형, 공간 관계
- 측정
- 자료분석 및 확률 : 기초 통계 및 추측 통계

과정 규준은 수학적 추론 및 문제해결 기능에 관한 것으로 다음의 다섯 가지로 정의된다.

- 문제해결
- 추론과 증명
- 수학적 아이디어의 의사소통
- 연결성
- 표현

NCTM에서 국가 수준의 규준을 제시하지는 않았지만, 1989년 이후 미국의 수학교육은 NCTM의 보고서들로부터 많은 영향을 받았다. 즉, 수학 교육과정 개정에 있어서도 기계적 학습의 역할을 축소하고 다양한 문제해결 방법을 강조하는 방향으로 바뀌었다. 많은 주에서 NCTM의 규준을 바탕으로 하여 주별 규준을 정하였다. 또한 각 주에서는 규준에 부합하는 학생들의 능력을 평가하기 위하여 고부담 성취도 검사를 실시하였다. 여기서 중요한 것은 주별로 규준을 정하고 그에 따라 학생들을 평가했다는 점이다. 수학교과서 출판사들도 이 규준에 기초하여 교과서와 교사용 지도서를 출판하였다. 그러나 교사들이 무엇을 알고 있는지, 실제로 교과서와 교사용 지도서를 어떻게 활용하여 가르치는지, 그리고 교사를 어떻게 지원해야 하는지에 대해서는 별로 관심을 두지 않았다.

## 전통주의인가 구성주의인가?

NCTM의 규준에서 제기되었던 많은 논쟁거리들을 전통주의와 구성주의 관점에서 논의하는 것은 의미가 있을 것이다. 문제해결은 전통적인 기계적 학습으로 가르쳐야 하는가? 아니면 수학을 깊이 있게 학습하는 데 도움이 되는 실험, 실습 등과 같은 새로운 방식으로 가르쳐야 하는가? 형식적 증명을 다루는 데 어느 정도의 시간을 할애해야 하는가? 자신의 해결 방법을 의사소통하는 데 도움이 되는 소집단 학습이나 저널 작성은 의미가 있는가? 그러한 의사소통 방식이 최우선이 아니라면, 수학교사는 학생들에게 자신의 생각을 어떻게 전달할 수 있는가?

NCTM의 규준을 적용하고 운영하는 방식은 각 주별로 차이가 있으며, 많은 주들은 지난 수십 년 동안 계속해서 규준을 독자적으로 개정해 왔다. 미국연구재단National Research Council의 2001년도 보고서인 「Adding It Up」에서는, "이처럼 주별로 통일되지 못한 다양한 규준으로 인하여 미국의 수학교육목표는 일관성이 부족하고 제대로 정의되지 않았다."(p.36)라고 지적하였다. 전통주의를 강력하게 지지해온 포드햄 재단Fordham Foundatoin은 2005년에 미국 내 여러 주의 규준을 평가하고 비교하였다(Klein, 2005). 포드햄 재단의 연구자들은 미국의 국가학업성취도평가National Assessment of Educational Progress, NAEP의 가이드라인을 준수한 주들에 대해서 낮은 점수를 부여하였다. 왜냐하면, 포드햄 재단에서 보기에 NAEP는 1989년의 NCTM 규준을 기초로 이루어졌기 때문이다. 반면에, NAEP의 가이드라인에서 많이 벗어났던 캘리포니아주와 매사추세츠주는 가장 높은 점수를 받았다(Loveless, 2006). 워싱턴주는 F를 받았는데, 이 점수는 특히 전통주의적 수학교육을 옹호하는 사람들이 NCTM을 비판하기 위하여 자주 거론하는 것이다. 그러나 앞에서 언급하였듯이, 워싱턴주 또는 다른 주의 교실에서 어떤 일이 진행되고 있는지에 대해서는 잘 알지 못한다. 검사 결과만을 보고 어느 특정한 수학교육 방법에 대하여 비난하는 사람들도 실제로 무엇을 가르쳤는지에 대해서 알게 되면 매우 놀랄 것이다. 우리는 수업에서 무엇을 가르쳤는지에 대해서 잘 모르고 있다.

## 수학성취도 평가

NCLB와 같은 법안이 통과됨으로서 더 많은 평가가 필요해졌다. 그런데 평가를 많이 하면 수업의 질이 좋아지는가? 이 점에 대하여 많은 교육자들은 의문을 제기한다. 오리건주의 평가 전문가인 오티 Auty(1994)는 "학생들을 평가하는 것은 마치 추수 감사절에 쓸 칠면조 배 속에 온도계를 찔러 넣는 것과 같다. 그렇게 하면 칠면조가 잘 익었는지 확인할 수 있지만, 그 온도를 측정하는 것만으로는 칠면조가 익지 않는다."라고 비판하였다. 버클리대학교의 숀펠드Schoenfeld(2002) 교수는 "교육제도의 이해 당사자들은 평가 속에 내재되어 있는 가변성을 이해해야 한다. 사람들은 검사 점수의 안정성에 대하여 잘못된 신념을 갖고 있다. … 대부분의 사람들은 특정한 검사 점수에 특별한 의미를 부여하려 하고 그 점수에 대하여 확고한 신념을 갖고 있다. 그러나 실제로 거의 모든 표준화 검사에는 검사－재검사 신뢰도의 문제가 내재되어 있다. … 검사 점수는 실제가 아닌 허상이거나 인위적일 수 있으며, 그러한 평가 결과로 인하여 교육과정이 잘못된 방향으로 개정될 수 있으며, 평가를 통하여 학생들에게 내재적인 학습동기를 부여할 수 없음을 일반인들도 이해해야만 한다." (p.23)

미국의 경우에, NCLB 법안이 통과되기 전후에 도입된 고부담 평가에 대응하기 위하여 여러 주들의 교육 정책이 바뀜으로써, 그리고 2005년에 SAT 시험을 의도적으로 '쉽고 단순화'함으로써 평가 점수와 관련된 혼란이 가중되었다(Cech, 2007). 주요 성취도 평가 결과를 간략히 살펴보면, 평가 결과를 해석하는 데 많은 혼란과 어려움을 이해할 수 있을 것이다.

1995년에 실시된 TIMSS에 대해서는 앞에서 설명하였다. TIMSS와 관련하여 핵심적인 문제 중 하나는 대표성의 문제이다. 즉, 미국을 대표하는 학생들을 다른 나라의 특별한 학교에서 표집된 엘리트 학생들과 비교한 것이 문제였다. 미국의 경우 주된 평가는 국가성적표 Nation's Report Card라고 불리는 국가학업성취도평가NAEP이다. 미국교육통계센터National Center for Education Statistics, NCES의 웹사이트(http://nces.ed.gov/nation-sreportcard/)에 따르면, "NAEP는 미국 학생들의 여러 과목별 학업성취도를 지속적으로 평가하는 유일한 전국 단위의 평가이다. NAEP는 수학, 읽기, 과학, 쓰기, 예술, 윤리, 경제, 지리, 역사 과목에 대하여 정기적으로 평가를 실시한다. NAEP는 개인별 또는 학교별로 점수를 제공하지는 않지만, 교수·학습 경험, 학교 환경 기준으로 하여 집단별(예를 들어, 4학년, 여학생, 히스패닉)로 점수를 제공한다. 또한 NAEP는 전체 학생의 일부를 표집하여 평가한다." NAEP는 두 가지 평가 도구, 즉 메인 평가Main Assessment와 롱텀 트랜드 평가Long-term Trend Assessment로 구성된다. 수학의 경우, 메인 평가는 수, 측정, 기하, 자료 분석, 통계와 확률과 같은 수학 내용을 평가하며 계산기 사용이 허용된다. 롱텀 트랜드 평가는 전통적인 산술 문제와 복잡한 계산 기능을 평가하며 계산기 사용이 허용되지 않는다. 브루킹스 연구소Brookings Institution[8]의 책임 연구원인 러브리스Loveless에 따르면, 메인 평가와 롱텀 트랜드 평가에서 1990년과 2004년 사이 학생들의 수학성취도는 높아졌으나 증가의 폭은

8) (역주) 1916년에 설립된 미국의 사회과학 연구소로 오바마 정부 출범 후 급부상한 싱크탱크이며, 보수 성향의 헤리티지 재단과 쌍벽을 이루는 진보 성향의 연구 단체이다.

그리 크지 않았다. 이것은 롱텀 트랜드 평가 점수가 1990년대에 메인 평가에서 기록한 매우 높은 점수를 드디어 따라 잡았음을 의미하는 것으로 볼 수 있다(Loveless, 2006).

NAEP와 관련해서는 적어도 두 가지 우려가 있다. 첫째, 표집의 대표성으로 인하여 NAEP 결과가 정확하지 않을 수 있다는 것이다. 둘째, NAEP는 NCTM의 수학 규준을 따르고 있기 때문에 전통주의적 수학자들과 교육자들에게 비판을 받는다. 이러한 우려에 대하여, NAEP는 장기간에 걸친 검사로서 다른 검사 도구들과 서로 비교할 수 있기 때문에, 검사 도구로서의 타당성이 매우 높다고 주장한다.

국제적 또는 국가적 평가와 더불어, 각 주에서는 독자적으로 검사 도구를 개발하여 평가를 실시하고 있다. 이 주별 검사 도구는 NCLB 법안이 통과된 이후에 주 정부가 정한 연간성적향상도Adequate Yearly Progress, AYP를 측정하는 데 사용되고 있다. AYP에 따라 학교별로 연방 정부의 자금이 할당되며, 학업성취도가 낮은 학교에 대해서 제재를 가하는 지표로도 활용된다[9]. 각 주별 검사 도구는 주에서 정한 규준과 연결되어 있기 때문에, 각 주의 규준이 NCTM의 규준을 따른다고 하더라도 주별로 차이가 있다. 수학적 소양에 대한 정의도 주별로 차이가 있다. 주별 검사는 모든 학생들을 대상으로 하고 NAEP는 표본을 대상으로 하기 때문에, NAEP는 주별 검사보다 점수가 더 높게 나온다(Loveless. 2006). 이 주별 검사들은 시행 횟수가 점점 증가하고

9) (역주) 2002년에 도입된 낙오학생방지법에 따라, 모든 학생들은 매년 읽기, 수학 시험을 봐야 하며 주 정부가 정한 학업성취도인 AYP를 달성하지 못한 학교는 재정 지원을 삭감당하고 4년 연속 달성하지 못하면 학교 폐교 명령을 받게 된다.

있다. 예를 들어, 과거에 워싱턴주에서는 4학년, 7학년, 10학년에서만 검사를 실시하였으며, 오리건주에서는 3학년, 5학년, 8학년, 10학년을 대상으로 검사를 실시하였다. 그러나 최근에는 3학년부터 8학년까지 모든 학년을 대상으로, 그리고 고등학교에서 1회 실시하고 있다.

교육청에서 검사 결과에 따라 학교별로 예산을 배정하기 때문에 고부담 검사는 각 학교로서는 매우 부담스러운 검사이며, 몇몇 주에서 이 검사 결과를 가지고 고등학교 졸업 사정을 한 이후 그 부담은 더욱더 커졌다. 매사추세츠 통찰력연구소Mass Insight Education and Research Institute, MIERI(2004)와 학습을 위한 워싱턴주의 학습파트너쉽 재단Partnership for Learning(2007)에서는 1990대 말부터 매사추세츠주와 워싱턴주의 교육제도에 대한 연구를 통하여, 두 주의 학교교육 개선 과정을 비교하였다. 인구가 거의 유사한 매사추세츠주와 워싱턴주는 규준－기반 교육 개혁을 실행할 수 있을 정도로 경제적으로 건실한 주로서, 두 주 모두 고등학교 졸업 시험 제도를 도입하였다. 그러나 이 두 주 사이에는 중요한 차이점이 있다. 매사추세츠주는 고등학교 졸업 시험 제도를 2003년부터 도입하였고, 워싱턴주에서는 2008년에 졸업 시험 제도를 시행하였으나 수학 과목에 대해서는 2013년까지 그 시행이 연기되었다.

2004년 5월 MIERI의 보고서인 「규준－기반 교육 개혁으로부터 얻은 교훈 : 효과적인 주 단위의 프로그램을 위한 네 가지 권고Lessons from the Front Lines of Standards－Based Reform : Four Benchmarks for an Effective State Program」에 따르면, 매사추세츠주에서는 학업성취도가 처음보다 크게 향상되었지만, 워싱턴주에는 전 학년에 걸쳐서 거의 향상되지 않았다. 이 보고서에서 권고하고 있는 네 가지 정책은 다음과 같다.

① 모든 학생들의 성취 수준이 주별 규준에 도달하도록 해야 한다.
② 규준에 부합하고 실제로 중요한 기능을 평가하기 위한 주별 평가가 필요하다.
③ 고등학교 졸업 시험은 매우 중요하다.
④ 평가 결과에 따라 예산을 배정함으로써 학교교육을 개선할 수 있다.

이 보고서는 또한 교육 예산의 투입에 대해서도 권고하고 있는데, 이것은 중요하고 심각한 문제점을 야기할 수 있다. 이 보고서의 네 가지 권고 사항을 보면, 학생들의 평가 결과를 강조하고 있으며, 그에 따른 징벌적 위협이 동기부여로 작용하고 있다. 즉, 시험에 통과하지 못한 학생들은 졸업장을 받지 못할 것이며, 규준을 통과하지 못한 학교는 교육 예산을 지원받지 못할 것이다. 따라서 가난한 학생들이나 영어를 모르는 학생들이 많은 학교는 불이익을 받게 될 것이다. 그러나 이 보고서에서 제시한 권고 정책에는 교사의 전문성이나 교사의 수업 방법에 대한 언급은 포함되어 있지 않았다.

이러한 주별 시험을 통한 학교교육 개선에 관여해 온 교육자들은 또 다른 두 가지 문제점에 직면하였다. 지역 교육청과 각 학교에서는 평가 결과를 제때 받지 못하고 있다. 예를 들어, 워싱턴주에서는 2006－2007 학년도에 워싱턴주 학업성취도 평가Washington Assessment of Student Learning, WASL 결과를 2007년 8월 말에 받았기 때문에, 학교 당국과 교사들이 학생들의 성취도를 분석하고 교육과정이나 수업 방법 개선 계획을 수립하기 위한 시간이 부족하였다. 평가 결과가 그렇게 늦게 발표된다면, 매년 실시하는 평가가 무슨 가치가 있겠는가? 더욱더 중요한 점은 주에서 실시하는 검사 내용이 수업 내용에 부합하는지 분명하지 않다는 것이다. NRC의 2001년도 보고서에 따르면, 그 당시 주별 평가가 교육과정에 부합하는지를 분석한 연구는 거의 없었다. NRC는 이전 보고서(1999)인 「수업, 평가, 학습Teaching, Testing, and Learning」에서, 평가에 대하여 다음과 같이 언급하였다. 가장 유용한 평가는 수업 시간에 정기적으로 실시해야 하고 개별 학생들의 진도에 맞아야 하며, 교사가 가르친 것을 평가해야 한다. 또한, 평가는 학생들이 학습한 것을 전반적으로 들여다 볼 수 있도록 다양한 평가 방법을 사용해야 한다. 많은 교사들은 주별 평가 및 다른 표준화 평가가 교수·학습에 그리 유용한 정보를 제공하지 못한다고 보고 있으며, 그런 검사를 실시하는 데 걸리는 시간에 대해서도 못마땅해 하고 있다. 공통적인 불평은 다음과 같다. "우리가 하는 일의 대부분은 학생들을 평가하는 것이다. 학생들을 가르칠 시간이 별로 없다." 교육자들은 평가를 통하여 학생들을 구분하려고 한다. 그렇게 하면 수업이 개선될 것인가?

## 수학 교육과정

우리는 앞에서 전 세계의 수학 교육과정과 미국의 수학 교육과정에 대한 양쪽 진영의 주장을 살펴보았다. 미국에서는 전통주의자들과 구성주의자들이 자신들의 주장에 부합하는 교육과정과 학습 내용을 적용할 것을 권고하고 있으며, 자신들의 주장을 정당화하기 위하여 평가 결과들을 들먹인다. 양쪽 진영에서는 교수·학습 방법, 교육과정, 테크놀로지 활용에 대하여 나름대로 합리적 근거를 제시하고 있다(Smith, 1993).

### 전통주의

전통주의자들과 더불어 기초로 돌아가자고 주장하는 사람들은 초등학교 수준에서는 산술, 수학적 사실들에 대한 암기를 다루고, 중고등학교에서는 대수적 조작과 절차와 같은 수학적 기능, 기하학적 증명, 추상적 적용을 다루는 고도로 계열화된 수업을 추구한다. 이러한 계열화된 수업 방법은 수학이 양적 정보를 추상적·기호적으로 조작하는 것이라는 신념에 바탕을 두고 있다. 이러한 관점에서 본다면, K−12학년 수준에서 수학교육의 목적은 양적 정보를 처리하는 절차에 능숙하게 하는 것이다. 즉, 수학적 추론과 계산 기능을 학습하는 효과적이면서 효율적인 수업 방법이 있기 때문에, 이런 방법으로 학습하는 학생들은 문제를 정확하고 빠르게 해결할 수 있을 것이다. 이때 교사의 역할은 이러한 지식과 절차적 기능들을 전달하는 것이다. 이러한 교육 방식은 행동주의적 학습 이론에 뿌리를 두고 있으며, 때로는 '교사 중심 수업'이라고 부른다. 또한 이 교육 방식은 '어떤 교사도 적용할 수 있는 수업'이라고도 한다. 그 이유는 교육과정의 전달 과정이 미리 규정되어 있고 계열화되어 있기 때문에 교사는 그 내용을 전달하는 데 특별한 훈련이나 기술이 필요치 않기 때문이다. 이 교육 방식은 독립적 학습에 적합하기 때문에, 자녀를 홈 스쿨하고 있는 많은 학부모들이 이 교육 방식을 사용한다. 이 방식의 핵심적인 학습 방법은 반복적 연습이다. 추론 기능이 요구되는 문제와 학습한 것을 응용하는 몇 개의 '문장제'가 포함되기는 하지만, 교사는 미리 규정된 학습 계열을 유지하면서 교과서의 내용을 1장부터 차례대로 다루면 된다.

우수한 수학교사의 교수법적 지식pedagogical knowledge을 연구한 볼Ball(1991, 2000, 2007)과 마Ma(1999)와 같은 학자들은 전통적 방법이 다음과 같은 점에서 결함이 있다고 지적하였다. 즉, 전통적 방법에서는 학생들의 수학적 오류를 찾아내고, 학생들에게 수학적 개념을 쉽게 이해할 수 있게 하는 교사의 능력을 별로 중요하게 생각하지 않는다. 다시 말해서, 전통적인 수업 방법을 기계적으로 적용하면 수학적 개념을 전혀 이해하지 못하는 학생들을 거의 도와줄 수 없다.

이러한 전통적 방법을 적용한 수학수업의 전형적인 과정을 보면, 먼저 전 차시를 복습하고, 본 차시에서 학습할 수학적 절차를 도입하고 설명한 다음, 그 절차가 적용되는 문제를 학생들에게 제시하는 형태로 이루어진다. 이때 교사는 학생들이 절차를 정확하게 적용하는지 확인하기 위하여 학생들의 해결 과정을 점검하고 확인한다. 미국 수학수업의 대부분이 이런 방식으로 이루어진다. NRC(2001)에서는 "미국의 수학교육은 지난 1세기 동안 거의 변한 것이 없다."(p.50)라고 지적하였다. 이러한 주장은 두 가지 이유에서 중요하다. 첫째, 수학수업이 지난 1세기 동안 실제로 변한 것이 없다면, 지금까지 시도되었던 '새로운 수학들new maths'이 실제로 실현되지 못했다는 것이다. 그렇게 된 이유는 새로운 수학들을 적용할 정도로 교사 교육이 이루어지지 않았기 때문이다. 둘째, 수학수업이 변하지 않았기 때문에, 그리고 뿌리깊이 박힌 교육제도가 변하지 않았기 때문에 성취도 평가에서 점수가 낮았다고 주장하기에는 설득력이 부족하다. 검사 점수가 낮은 이유는 지역 교육청에서 각 학교에 거의 모든 학생들을 검사에 참여시키라고 종용했거나 또는 다른 과목이 교육과정에 새로 포함됨으로써 수학수업 시수가 줄어들었기 때문이다. 남녀노소를 막론하고 대부분의 미국인들은 전통적 방법으로 수학수업을 받아왔다. 그리고 이런 방식의 수학수업에서는 하나의 해결 방법, 즉 확실한 공식을 적용하면 문제를 해결할 수 있다고 믿기 때문에, 이런 수학수업을 추구한다. 물론, 그런 공식이나 절차를 적용해서 일상생활의 '실생활 문제'를 해결할 수는 없을 것이다.

대부분의 국민들 특히 학부모들은 자신이나 자녀가 받았던 수학수업에 대한 나쁜 경험들에 대하여 불평하기는 하지만, 그들이 이해하지 못하는 새로운 방식으로 수학을 배워야 한다고 생각하지는 않는다. 그러나 일부 열성적인 전통주의자들에게서 나타나는 종교적 열정은 전통주의적 방법이 수학을 가르치는 유일한 방법이며 다른 방법은 모두 틀렸다는 확신에서 출발한다. NYC HOLD(http : //www.nychold.com)나 Mathematically Correct(http : //www.mathematicallycorrect.com)와 같은 웹사이트에는 전통주의적 교육철학에 입각한 수학교육의 효과를 입증한 증거 자료들이 제시되어 있다. 미국 수학교과서 중 하나인 Saxon Math는 전통주의적 관점에서 기술된 대표적인 수학 교재이다. 실제로, 많은 수학자들과 학부모들은 전통주의적 패러다임을 따르지 않는 수학수업을 신랄하게 공격한다. 1장에서 언급한 바와 같이, 전통주의자들은 구성주의적 교육과정에서는 학생들이 이후에 고급 수학을 학습하는 데 필요한 기초 기능들을 충분히 학습하지 못하고 있다고 비판한다.

숀펠드는 종교적·정치적으로 보수적 성향을 가진 사람들이 1970년대에 수학교육에 어떻게 영향력을 발휘했는지 기술한 바 있다(Schoenfeld, 2004). 그 당시 미국과학재단National Science Foundation, NSF은 초등학교 과학 교육과정과 사회 교육과정 개정을 지원하면서 처음에는 성공을 거두었으나 나중에는 정치적 반발에 직면하였다. 이 NSF가 지원한 프로그램은 MACOS Man : A Course of Study[10]라고 불리었다. 한 침례교 목사는 MACOS의 교육 내용과 교육 방법을 반대하고 나섰으며, 급기야 "MACOS는 성교육, 진화론, 히피운동, 포르노, 총기 규제, 공산주의를 옹호한다."라고 비판적인 언론 운동을 전개하였다(Schoenfeld, 2004, p.260). 이러한 사회적 논란으로 인하여 NSF는 국가 교육과정으로 보일 수 있는 어떤 프로그램에도 자금을 지원하지 말아야 한다는 여론이 형성되었다. 수학교육 쪽에서 본다면, 이것은 민간단체인 NCTM만이 국가 교육과정 권고안을 개발할 수 있었다는 것을 의미한다.

초등학교수학수업에서 암기를 배제하는 것에 대한 전통주의적 교육자들과 학부모들의 우려와 걱정은 발음 중심의 읽기 학습과 총체적 언어 학습에 대한 학부모의 걱정과 유사하다. 전통주의자들에게 있어서, "수학은 어디에 있는가?"라는 질문은 "구구단을 외우고 공

10) (역주) 이 프로그램은 1970년에 미국과 영국에서 유행했던 교육 프로그램으로 브루너의 교육철학과 나선형 교육과정에 그 바탕을 두고 있다.

식을 암기하는 것은 어디에 있는가?”와 같은 의미이다. 앞 장에서 지적했듯이, 네덜란드의 RME와 같은 여러 구성주의 교육과정에도 이러한 기초적인 암기는 포함되어 있다. 그럼에도 불구하고 학생들에게 구구단을 암기하도록 강요해서는 안 된다고 주장하기도 한다. 또 다시, 교사의 질과 자격이 중요한 이슈이다. 교사는 수학 교수·학습에 대하여 얼마나 알아야 하는가? 교사는 학습 부진아들이 기초적인 수학 내용을 제대로 학습하도록 하고, 학생들의 오류를 파악하며, 구구단 암기를 포함하여 다양한 형태의 수학수업 방법을 도입하기 위하여 어떻게 준비를 해야 하는가?

## 구성주의

구성주의는 미국의 수학전쟁에서 또 다른 한 축을 담당해 왔다. 구성주의는 NCTM의 규준에 부합하는 교육철학이며, 수학은 유용할 뿐만 아니라 그 자체로 의미가 있어야 한다고 생각하는 사람들이 추구하는 교육 방법이다. 구성주의 또는 개혁-기반 수학교사들은 수학적 사실 및 절차적 지식과 더불어 개념적 이해와 의미 형성을 추구한다. 구성주의자들은 구체적 조작물이나 모형을 활용한 체험활동, 그리고 실생활 상황 속에서의 수학학습을 강조한다.

구성주의적 관점에서 볼 때, 수학 교수·학습은 학습자가 행동, 상호작용, 정신적 추상화를 통하여 수학적 지식과 기능을 개발할 수 있도록 상황이나 환경을 제공하는 것이다. 전통주의자들의 주장과 반대로, 교사의 역할은 학습자들로 하여금 수학을 재발견하도록 하는 것이 아니라, 학습자가 수학적 개념이나 기능을 구성하도록 적절한 활동을 제시하고 안내하는 것이다. 이러한 접근 방식은 교사-중심이라기보다는 학생-중심이라고 할 수 있다. 또한 교사에게 높은 수준의 수업 진행 능력을 요구한다. 문제해결에 대한 수업을 진행하는 과정은 공식을 이해시키는 과정보다 훨씬 더 복잡하고 어렵기 때문이다. 예를 들어, 초등학교 수준에서, 달력이나 시계를 활용하여 수 패턴을 찾게 하거나, 동전을 이용하여 자릿값을 모델링하거나, 모형으로 다리를 만들어 봄으로써 각을 학습할 수 있을 것이다.

십진 기수법 체계를 바로 도입하기보다는 시계를 활용하여 수를 가르치려면, 전통적인 방법으로 가르치는 것보다 교사에게 더 많은 지식이 요구된다. 분명히 시계는 실생활 속에서 수가 사용되는 좋은 예이며, 시계 속의 수들은 순서대로 배열되어 있다. 그러나 시계 속에 들어 있는 수 체계는 10진법이 아니라 12진법이다. 즉, 시계에서 12+1은 13이 아니라 1이다. 동전을 사용하여 자릿값을 나타내는 수업을 하면, 다음과 같은 재미있는 문제가 발생될 수도 있다. 50원짜리 동전은 10원짜리 동전보다 작은데 어떻게 50원은 10원의 5배가 될까? 이상의 예들은 초등학교 교사가 아주 간단한 수 개념을 가르칠 때도 그러한 기발한 질문들을 예상해야 하고 어린 아동들이 이해할 수 있도록 재치 있게 답변해야 한다는 점을 보여주는 것이다.

개혁-기반 프로그램의 긍정적 효과를 보여주는 많은 연구들이 보고되었다. Issacs, et al.(1997), Carroll(1998), Briars and Resnick(2000)과 Riordan and Noyce(2001)의 연구가 여기에 해당한다. 웹사이트 MathematicallySane에는 널리 사용되고 있는 「Elementary and Middle School Mathematics : Teaching Developmentally」를 집필한 반 데 왈레Van de Walle(2007)와 같은 연구자들에 대한 정보가 충실하게 제시되어 있다. 구성주의적 수학의 가치에 대한 와필드Warfield의 평가(Warfied, 2007)는

htte : //www.math.washington.edu/~warfield/news/news139.html에서 찾아볼 수 있다.

볼러Boaler(2002)는 영국의 두 학교를 대상으로 전통적주의적 방법과 개혁적 방법을 비교한 민속지학적 사례 연구결과를 발표하였다. 수업 관찰, 교직원 및 학생 면담, 학업성취도, 다른 평가 자료를 바탕으로 하여, 볼러는 13~16세 학생들의 학업성취도에 상당한 차이가 있음을 발견하였다. 즉, 개혁－기반 학교는 전통적 학교보다 수학성취도에서 더 높게 나타났다. 전통적 학교의 성취도는 '절차적 기능'에서만 다소 높게 나타났으며, 개혁－기반 학교에서는 '개념적 측면'에서 훨씬 더 우수한 것으로 나타났다. 숀펠드Schoenfeld(2002)는 서문에 "볼러의 연구가 프로젝트 기반 수업을 받은 학생들이 기능을 기반으로 한 전통적 수업을 받은 학생들보다 수학성취도가 더 높았음을 보여준 최초의 비교 연구였다."(p.xi)라고 말하였다. 그러나 볼러의 연구에서는 문제해결이나 수학적 응용에 대해서는 비교하지 않았다. 볼러의 연구에 대하여, 볼은 다음과 같이 평하였다. "볼러의 연구는 서로 다른 두 가지 수학교육 방식으로 학습한 학생들을 생생하게 비교하였으며, 수학 교수·학습과 관련된 많은 시사점을 제시하였다."

구성주의 철학과 구성주의적 교수·학습을 주장하는 사람들은 모든 사람들이 수학적으로 능숙한 사람이 될 수 있고, 수학학습은 읽기·쓰기 학습과 마찬가지로 별로 어렵지 않으며, 모든 국민은 높은 수준의 교육을 받을 권리가 있다는 신념을 갖고 있다. 모든 국민은 높은 수준의 교육을 받을 권리가 있다는 마지막 신념은 전통주의자들의 신념과 완전히 다르다. 그러나 양쪽 진영의 수단과 방법은 본질적으로 다르지만, 교육 내용과 교수법에 있어서는 공통적으로 겹치는 부분도 꽤 있다.

## 교육과정과 교과서

이제 NCTM의 원리와 규준을 바탕으로 한 구성주의나 개혁-기반 수학교육은 미국의 교육과정 개발에서 주도적인 역할을 하고 있다. 미국에서 대부분의 수학수업이 여전히 전통적인 방식으로 진행되고 있음에도 불구하고 이것은 사실이다. 교육자들이 직면하고 있는 어려움 중 하나는 교실에서 수업이 실제로 어떻게 진행되고 있는지를 그들도 모른다는 것이다. 예를 들어 워싱턴주의 경우, 교실에서 수업이 어떻게 진행되고 있는지, 각 학교에서는 어떤 교과서를 채택하고 있는지, 채택된 교과서는 어떻게 활용되고 있는지에 대한 연구가 없었다. 현실이 이러함에도 불구하고, 구성주의자들과 전통주의자들은 교육과정에 대한 논쟁을 계속하고 있다.

수학교육자들은 교육과정의 형태를 단선형 교육과정, 계통적 교육과정, 나선형 교육과정으로 구분한다. 나선형 교육과정에서는 학년 수준이 높아짐에 따라 학습내용을 더 폭넓게 또 깊이 있게 학습할 수 있도록 한번 학습된 학습 주제는 다시 심화되어 도입된다. 단선형 교육과정에서는 기본적인 수학적 사실과 공식들에 대한 훈련과 연습이 이루어지고, 이어서 다른 기능들이 도입된다. 좀 더 높은 수준의 수학을 도입하는 경우, 나선형 교육과정에서는 기하학, 대수학, 삼각법이 통합되어 도입되는 반면, 단선형 교육과정에서는 기하학이 대수학과 삼각법과 독립적으로 도입된다. 삼각법은 본질적으로 대수학과 기하학이 결합되어 있기 때문에, 이렇게 기하학과 삼각법을 구분하는 것은 다소 문제가 될 수 있다.

소위 학습의 계열성에 대해서도 이와 유사한 논쟁이 있다. 전통주의적 방식에서는 1학년에서 수 세기, 20까지의 덧셈과 뺄셈을 배우고, 2학년에서 100까지의 덧셈과 뺄셈, 3학년에서 여러 자릿수의 사칙연산, 4학년에서 나눗셈을 배운다. 이후에는 좀 더 높은 수준의 수학을 차례대로 학습하게 된다. 높은 수준의 개념이 먼저 제시되는 경우도 있지만, 개혁-기반 수학 교육과정에서도 학습 계열은 이와 거의 유사하다.

최근 수학학습에서 교과서 이외에 구체적 소삭물, 시각적 사료, 모형, 그래픽 계산기, 컴퓨터 소프트웨어 등의 활용이 증가되고 있다. NRC는 2001년도 보고서 「Adding It Up」에서 다음과 같이 지적하였다. "1996에 수 모형과 기하 모형을 일주일에 최소 한 번은 사용한다고 응답한 4학년 교사는 27%였으며, 한 달에 한 번 사용한다는 응답은 74%, 거의 사용하지 않는다는 응답은 26%였다. 8학년 교사 중 8%가 이러한 교구를 일주일에 최소 한 번은 사용한다고 하였으며, 절반 이상이 거의 사용하지 않는다고 응답하였다."(p.45) 그러나 최근의 교과서에서는 테크놀로지, 컴퓨터 소프트웨어와 더불어 구체적 모델이나 조작물을 일관성 있게 그리고 통합적으로 사용하도록 요구하고 있으며, 교과서 출판사들도 새로운 교육과정을 도입할 때 교사들을 위한 워크숍을 개최하기도 한다. 그러나 이러한 노력에도 불구하고, 많은 교사들이 여전히 구체적 모델이나 조작물을 수업에서 통합적으로 사용하지 않는다. 구성주의를 기반으로 한 새로운 교육과정이 제대로 운영되고 있는지에 대한 충분한 연구 없이, 수학 교수·학습이 본질적으로 변화되었다고 주장할 수는 없을 것이다. 실제로, TIMSS 비디오 연구에서도 이것이 사실임이 입증되었다(Stigler and Hiebert, 1997).

## 미국의 수학전쟁

그런데 사람들은 왜 수학교육에 대하여 이렇게 치열하게 논쟁을 하는 것일까? 대부분의 수학수업이 전통적 방식으로 진행되었다면, 전통주의자들은 구성주의 때문에 수학교육이 실패했다고 주장할 수 있겠는가? 구성주의자들의 수업 방법과 수업 자료들이 도입되었지만 수업은 여전히 예전 방식대로 이루어진다면, 구성주의자들은 전통주의자들의 프로그램보다 더 우수하다고 주장할 수 있겠는가? 국가별 수학성취도 비교에서 학생들의 수준이 낮다면, 무엇이 문제인지 어떻게 파악할 수 있는가? 앞에서도 계속해서 언급했듯이 교사와 교사 양성 체계에는 문제가 없는가?

미국의 국립과학기술원National Academies of Science and Engineering의 후원을 받고 있는 수학학습연구위원회Mathematics Learning Study Committee에 따르면, "미국 학생들이 수학을 잘했던 시기가 없었다."(p.xiii) 분명히 미국 국민들은 오랫동안 수학교육에 대하여 실망해 왔다. NCTM의 「An Agenda for Action(1980)」에서 모든 학생들은 이해를 바탕으로 한 수학교육을 받아야 한다는 권고를 기점으로 하여 1970년대 말부터 수학교육에 변화가 일어나기 시작하였다. 그러나 반대자들은 학부모들에게 새로운 수학교육 방법에 의문을 제기하게 함으로써 공격적인 입장을 취하였다. 버클리 대학의 숀펠드 교수는 2004년에 이러한 논쟁에 대하여 다음과 같이 자신의 의견을 피력하였다(Schoenfeld, 2004, p.254). "나의 입장은 양쪽 진영에서 주장하는 영역의 중간쯤에 자리하고 있는 참여 관찰자의 관점이다. 나는 전통주의자들이 소중하게 여기는 수학의 가치를 잘 알고 있으며 그것을 인정하는 수학자이다. 또한 나는 수학적 사고, 수학 교수·학습에 대한 연구를 수행했으며, 개혁주의자들이 주장하는 수학적 과정의 중요성에 대해서도 마찬가지로 인정한다. 역사적으로 보면, '수학은 엘리트를 위한 것인가 아니면 대중을 위한 것인가?'라는 문제로부터 논쟁이 시작된다. '수월성excellence'과 '평등성equity' 중에서 어떤 것이 우선인가? 수학은 사회개혁에 도움을 주는 도구인가 아니면 현 상태를 유지하기 위한 도구인가? …" 누가 수학교육을 받아야 하는지, 그리고 어떤 수학을 교육해야 하는지가 중요한 관건이다.

이것이 수학전쟁의 핵심 이슈 중 하나이며, 지난 1세기에 걸쳐 계속된 논쟁이다(Schoenfeld, 2004, pp. 253－4). 숀펠드는 스태닉Stanic(1987)의 연구를 인용하여 수학에 대한 네 가지 철학적 관점을 다음과 같이 설명하였다.

① 인문주의자들은 추론 능력과 같은 '정신적 도야'를 강조했으며, 수학의 문화적 가치에 초점을 둔다.
② 개발론자들은 학생들의 정신적 능력을 배양하기 위한 학교교육과정에 초점을 둔다.
③ 사회적 효율성을 주장하는 교육자들은 학생들의 사회적 역할을 준비하는 장소로서의 학교교육에 초점을 둔다.
④ 사회 개선론자들은 사회 정의를 실현하는 장소로서의 학교교육에 초점을 둔다(Schoenfeld, 2004, pp.255－256).

이들 각각의 관점들은 특히 캘리포니아, 텍사스, 뉴욕과 같은 규모가 큰 주들이 교과서를 채택하는 데 많은 영향을 주었다. 즉, 경제성이나 효율성을 강조하는 철학적 관점이 교과서의 선택과 판매에 영향을 주었다. 그러나 여기에도 교사들의 생각은 여전히 배제되고 있다.

숀펠드는 1990년대에 캘리포니아주에서 일어났던 논쟁에 대하여 다음과 같이 기술하고 있다. NCTM의 규준은 1989년에 출판되었으며, 캘리포니아주에서는 NCTM의 규준을 바탕으로 하여 캘리포니아주 자체의 규준을 만들었다. 교과서 출판사들은 1993년부터 사용할 수 있도록 개혁-기반 교과서를 만들었다. 1993년부터 개혁-기반 교과서로 공부한 학생들은 1990년 말까지 계속해서 그 교과서로 공부하였다. 숀펠드는 다음과 같이 말하였다. "분명히 그 당시의 성적을 보면 개혁주의자들에게 유리하였다. … 그러나 그 평가 결과들은 수학전쟁과는 거의 관련이 없었다. 논쟁이 정치적으로 흐르면, 실제로 평가 결과는 크게 문제가 되지 않는다."(pp.269-70) 논쟁이 정치적으로 흐르게 된 이유는 새로운 교과서가 기존 교과서와 완전히 다르기 때문이었다. 로젠Rosen(2000)은 이 문제를 다음과 같이 요약하였다. "새로운 교과서는 전통적 교과서와 비교했을 때, 가르치는 순서가 완전히 달랐다. 즉, 전통적 교과서는 공식을 제시하고 연습 문제를 제시하는 순서로 구성된다. 반면에 새로운 교과서에는 화려한 색상의 그림과 실제적이고 재미있는 내용들이 포함되었으며, 페이지의 한 쪽 옆에는 수학적 주제와 관련된 토론 주제들이 제시되어 있다."(p.61)

그러나 여러 주에서 차례대로 촉발된 이러한 논쟁은 중요한 점을 간과하고 있었다. 즉, 이러한 논쟁은 교실에서 실제로 일어나는 것에는 거의 관심을 두지 않았다는 것이다. 미주리대학교 수학교육학과 교수인 레이즈Reys는 다음과 같이 지적하였다. "미국 학생들이 다른 나라의 학생들보다 수학성적이 떨어졌기 때문에, 새로운 수학교육 방식을 버리고 '예전의 좋았던 시절'로 돌아가자는 비판론자들의 주장을 더 이상 듣고

싶지 않다."(Reys, 2002) 그래서, 많은 연구자들은 실질적으로 교육과정을 운영하는 교사들과 좀 더 협력적으로 활동할 수 있는 강력한 연구 재단을 설립할 것을 제안하였다. 그 결과, RAND Mathematics Study Panel(2003)이 설립되었다. 이 재단에서는 『Mathematics Proficiency for All Students : Toward a Strategic Research and Development Program in Mathematics Education』을 출간하였다. 2004에는 수학전쟁에서 공통된 의견을 도출하고자 수학교육자들이 또 다른 모임을 갖고(Ball et al., 2005), 다음과 같은 일련의 수학교육 원리를 제안하였다.

① 수에 관한 기초 기능은 필수적인 것이다.
② 수학적 용어와 기호를 정확하게 사용하는 능력과 마찬가지로 수학적 명제를 추론하고 정당화하는 능력은 기본적인 것이다.
③ 학생들은 문제를 만들고 풀 수 있어야 한다(p.1056).

또한 이들은 "학생들은 기본 구구를 자동적으로 기억해내야 하고, 계산기는 제한적으로 사용되어야 하며, 기본적인 알고리듬을 능숙하게 처리할 수 있어야 한다. 또한 분수를 능숙하게 계산할 수 있어야 하고, 실생활 문제를 해결하는 방법을 알아야 하는 데다, 탐구학습을 포함하여 여러 가지 학습 방법으로 학습해야 하고, 수학적 지식과 교수법적 지식이 풍부한 교사로부터 수학을 배워야 한다."(pp.1056～8)라고 주장하였다. 마지막에 언급한 것은 모든 학생들이 수학을 학습할 수 있도록 복잡한 수학을 학생들이 이해하기 쉽게 제시할 수 있어야 한다는 수학교사의 특별한 능력을 강조한 것이다.

버클리대학교의 우Wu 교수는 다음과 같이 말하였다. "교육은 잘못된 이분법적 논리 때문에 문제가 되는 경우가 있다. … 수학교육에서 이러한 논쟁은 '기초 기능' 대 '개념적 이해'라는 잘못된 이분법적 논리로부터 출발하는 것 같다. 이 잘못된 이분법은 일반 대중이나 교육 공동체가 갖고 있는 수학에 대한 공통적인 오해로부터 기인한다. 즉, 학교수학에서 기초 기능을 정확하고 능숙하게 처리하는 능력은 개념적 이해와 상반된 것으로 인식하는 경향이 있다. 그러나 수학에서 기능과 이해는 서로 복잡하게 얽혀 있다. … 바람직한 수학이 되기 위해서는 기능과 개념이 병행되어야 한다."(Wu, 1999, p.1)

수학전쟁에 관한 좀 더 미묘한 설명은 기술공학적 발전에 부합하도록 K−12 수학 교육과정이 구성되어야 한다는 심리학적 현상에 그 뿌리를 두고 있다. 교사와 학부모들 모두는 적어도 그들이 학습했던 것만큼은 다음 세대들도 학습하길 원한다. 구성주의적 방식을 도입했던 여러 주들이 교사를 위한 워크숍을 개최하였지만, 교사들이 새로운 방식으로 수학을 다시 학습하고 학생들을 가르치는 방법을 익히기에는 오랜 시간이 걸렸다. 또한 기본 구구나 공식을 암기하지 않고 복잡한 문제해결 과정을 통하여 수학을 완벽하게 이해시키는 것이 교사들에게는 무엇보다 어려웠다. 「The Hurried Child(2001)」의 저자인 엘킨드Elkind는 수학수업에서 구체적 조작물이 어떻게 활용되는지에 대하여 다음과 같이 기술하였다. 교사들은 수학적 개념을 유의미하게 통합하고 표현하기 위한 수단으로 구체적 조작물을 활용해야 한다. 그러나 대부분의 교사들은 학생들에게 그것을 단순히 제공하는 수준에 머무르고 있다. 그러면 학생들은 그것을 이용하여 아무 의미 없이 '집'을 만들거나 서로 던지고 장난칠 뿐이다(Elkind, 1981). 이러한 현상은 교사 교육이 제대로 이루어지지 않은 채 구성주의적 교육과정을 도입했던 노르웨이에서 발생했던 것과 같은 문제이다.

스티글러와 히버트는 이 문제를 다음과 같이 설명하고 있다(Stigler

and Hiebert, 1999). “수학교육 개혁에 대한 미국의 문제점은 교사들이 개혁을 잘못 해석하여 피상적인 문제들을 변화시키려고 한다는 데 있다. 예를 들어, 수학수업에 대한 근본적인 변화 없이 소집단 학습의 확대, 구체적 조작물이나 계산기의 적극적 활용, 실생활 문제 도입, 수학적 글쓰기 도입에 치중하는 경향이 있었다는 것이다.”(pp. 106－107) 두 연구자는 “교사들이 전체적인 맥락이나 목적을 고려하지 않은 채 외형적으로 ‘좋은 수업’에만 치중하면, 본질적으로 중요한 수업 목표를 간과하게 된다. … 또한 무의식적으로 목적과 수단을 혼동하여 장기적인 관점에서 학습을 개선하는 대신에 특정한 기능이나 활동에 성공하는 것을 최종적인 수업 목표로 생각하게 된다.”(pp. 107－108) 이렇게 되면 결과적으로는 전통주의적 수학자들뿐만 아니라 일반 시민들은 개혁－기반 수업을 비효율적이며 뒤떨어진 수업 방식이라고 믿게 된다. 이것이 바로 문제의 핵심이다. 전통주의자들은 새로운 수학 프로그램을 받아들이고 곱셈 구구단을 암기시킬 필요가 없다고 주장하는 교사들을 비판하였다. 이들의 주장이 모두 옳은 것은 아니지만, 새로운 수학 프로그램이 실제로 시행되지 않았기 때문에, 새로운 프로그램이 성공하지 못했다는 전통주의자들의 주장은 옳다. 파크시티 수학연구소Park City Math Institute, PCMI에서 수년 동안 워크숍을 진행해 온 한 수석 교사의 말대로, 제대로 시행된다면 구성주의적 수업 방식은 엄청난 장점이 있다. 그러나 교사의 수학적 지식이나 수학교수법적 지식의 수준이 구성주의적 수업을 진행하기에는 충분하지 못하다.

수학 교수·학습은 전통주의적이어야 하는가? 아니면 구성주의적이어야 하는가? 이 두 가지 관점은 양립할 수 없는가? 많은 사람들이 양립할 수 없다고 생각한다. 구성주의적 방식으로 수학을 능숙하게 가르칠 수 있는 일정 수준의 교사들이 많이 있다거나, 수학교육 개혁의 목적이 달성되었음을 입증할 수 있을 정도로 많은 학생들의 수학성취도가 향상되었다는 증거가 없다면, 구성주의를 끝까지 주장할 교육자는 거의 없을 것이다. 그러나 완전한 전통주의로의 회귀는 적절한 계책은 아니라는 점을 명심할 필요가 있다. 왜냐하면, 미국의 경우 그러한 전통주의적 방식이 영재 아동들에게는 효과적이지만, 다른 일반 아동들에게는 그리 효과적이지 못하였기 때문이다(NCTM, 2000).

그렇다면, 진정한 의미에서 국제 수학성취도를 비교했을 때, 학생들에게 높은 수준의 지식과 기능을 갖추도록 하는 교육을 하기 위해서 교사는 무엇을 해야 하는가? 서로 의사소통이 거의 없었던 수학자들과 수학교육자들도 다음과 같은 점에 대해서는 모두 동의할 것이다. "예비교사부터 시작하여 전문성을 갖춘 교사가 될 때까지 교사의 수학적 지식이 계발되어야 한다."(Ball et al., 2005, p.1058)

## 교사의 수학적 지식

「Education Week(2007)」에 보고된 연구에 따르면, "훌륭한 교사의 요건이 무엇이냐에 대해서 많은 논란이 있다." 그러나 교사의 질이 중요하다는 점에 대해서는 누구나 동의하고 있으며, 실제로 라이스Rice에 따르면(Rice, 2003), "교사의 질은 학생들의 성취도에 영향을 주는 가장 중요한 요인이다."라고 하였다. 또한 미국교사연맹American Federation of Teachers, AFT에서도 "교사의 질은 학생의 성취도에 영향을 주는 가장 중요한 변인이다."(2007)라고 재차 언급하였다. 그러나 교사의 질이 무엇이며, 어떻게 측정할 것인지에 대해서는 많은 논란이 있다. 앞에서도 지적했듯이, 이것은 단순히 추상적으로 접근할 수 있는 문제가 아니다. 교사의 질에 대한 정의가 중요하겠지만, 미국의 수학교육을 잘 이해하기 위해서는 훌륭한 수학교사의 요건도 살펴보아야 한다. 미국교육통계센터National Center for Education Statistics에서는 교사의 질을 두 가지 관점 즉, 예비교사 단계부터 시작하여 전문성을 갖춘 교사가 될 때까지 진행되는 교육과 실제 수업에서 이루어지는 수업 활동으로 구분하여 설명하고 있다[11](NCES, 1999b).

미국의 경제정책연구원Economic Policy Institute, EPI에서는 교사의 질을 측정하기 위한 다섯 가지 지표를 제시하였다(EPI, 2007). 물론, 초등학교 교사와 고등학교 교사의 질을 측정하는 지표는 서로 다를

11) (역주) 물론, 교사의 질을 구성하는 이 두 가지 요소들은 서로 독립적이지 않다(NCES, 1999b, p. iii).

수 있다. 이 지표에는 교사 경험, 교사 양성 프로그램, 교사 자격증, 이수 과목, 성적 및 평가 점수가 포함되어 있다. 교육학 분야의 학위보다 담당 교과의 학위는 초등학교보다 고등학교 수준에서 더 영향력을 발휘한다. 즉, 수학 분야의 자격증이나 학위는 고등학교 수준에서 특히 중요하다. 교수법에 대한 과목뿐만 아니라, 교과 내용학에 대한 이수도 중요하다.

끝으로, 수학적 지식과 교수법을 측정한 검사 점수가 교사의 수행 능력을 나타내는 일관성 있는 지표라고 보기는 어렵지만, 교사의 언어적 능력은 학생들의 수학성취도와 상관관계가 있다. 그러나 진정으로 우수한 수학교사는 수학 내용학적 지식, 교수법적 지식, 분석적 사고 기능을 잘 갖추고 있으며, 학생들의 이해 수준에 맞게 수학적 개념을 표현하고 설명하는 언어적 기능을 갖추고 있다는 것이 일반적인 견해이다.

모든 교사 교육 프로그램은 미국교사 교육인가위원회National Council for Accreditation of Teacher Education, NCATE와 같은 전문 단체의 승인을 받아야 한다. 교사 교육에 참여하는 예비교사들은 여러 과목을 이수해야 하며, 내용학적 지식과 교수법적 지식에 대한 시험을 통과해야 한다. 그런 다음에는 지역 교육청별로 교사로 임용된다. 일부 교육청에서는 지원자들이 많아 선별하여 채용할 수 있으나, 대부분의 교육청은 잘 준비되고 경험이 풍부한 수학교사를 채용하는 데 어려움이 있다. 학교에서도 현직교사들이 교육과 연수에 참여할 수 있는 기회를 제공하고 있으며, 교사의 수행 능력을 평가하기도 한다. 교사에 대한 이러한 평가가 때로는 학교 경영자, 학교 운영 위원회, 학부모회, 교사회 사이에서 갈등을 유발하기도 한다. 미국 교사들 중 절반 정도는 석사 학위를 갖고 있다(NCES, 1999). 교사의 전문성이 지속적으로 개발되기 위해서는 교사의 자격을 지속적으로 검증하는 과정이 필요하다. 그러나 불행하게도 대부분의 교사 교육은 아직까지도 가만히 앉아서 수동적으로 배우는 전통적인 방식으로 진행되고 있다. 구성주의적 수업 모형과 같은 다른 수업 방법을 배우는 것이 교사 교육의 목적임에 불구하고 말이다. 교사들은 종종 교사 교육이나 연수 프로그램의 질에 대하여 불만을 제기하기도 한다. 특히, 교사들에게 새로운 교과서를 연수시킬 때, 교육을 담당하는 사람들은 교사들이 아니라 교과서 출판사의 직원들인 경우가 많다.

교사 양성의 또 다른 방식으로는 국가공인자격증National Board Certification, 석사 이상의 학위, Math－Science Partnerships이나 Math Learning Center와 같은 곳에서의 경험, 위스콘신대학교의 수학·과학교육센터Center for Mathematics and Science Education나 파크시티 수학연구소Park City Math Institute, PCMI와 같은 연구 단체에서의 활동 등이 포함될 수 있다. 이상의 경험들은 교사들이 수학을 공부하고 수학교수법을 익히는 다양한 기회를 제공한다. WestEd는 500여명의 교육자들이 소속된 비영리 연구 기관으로 미국 내 16개의 지역에 사무실을 운영하고 있으며, 수학 도서 『Math Matters』 시리즈를 발간하고 있다(www.wested.org). 수학교육자인 마릴린 번즈Marilyn Burns도 비슷한 유형의 수학교육 워크숍을 진행하고 있다(Math Solutions Professional Development, 2008). 워싱턴주에 위치하고 있는 루스 파커Ruth Parker의 Mathematics Education Collaborative(2008)와 케이시 리차드슨Kathy Richardson이 주도하는 Math Perspectives Teacher Development Center(Math Perspectives, 2008)에서도 여러 주를 순회하면서 워크숍을 개최하고 있다. 이상의 교원 양성 프로그램들을 보면, 많은 관련자들이 수학교사의 수학적 지식과 수학교수법적 지식을 개선하기 위하여 많은 노력을 해 오고 있으며, 이 프로그램들은 전통적인 교사 교육 프로그램을 보완하는 데 목적을 두고 있음을 알 수 있다. 이러한 교사 양성 프로그램들은 현재 미국이 직면하고 있는 여러 문제점에 대한 여러 가지 해결책을 제시하고 있다. 그러나 이 프로그램에서 가르치고 있는 내용을 면밀히 검토하지 않은 채 프로그램을 그대로 투입한다면, 또 다른 문제점이 나타날 것이다. 어떤 프로그램은 수학적 지식을 강조하는 반면에, 어떤 프로그램에서는 교수법적 지식을 더 강조한다. 데보라 볼Deborah Ball과 같은 학자들은 이러한 프로그램들은 미국의 수학교육의 질을 향상시키는 데 많은 공헌을 하겠지만, 수학교사들에게 더 나은 교육 프로그램을 제공하기 위해서는 더 많은 것을 알아야 할 필요가 있다고 지적하였다.

교사를 돕는 비교적 새로운 방법 중 하나는 '수학 코치math coaches'를 채용하는 것이다. 이들은 수학수업에서 교사와 학생 모두에게 도움이 된다. 수학 코치의 역할은 여러 가지가 있다. 교육청에서 요구하는 교육과정을 준수하게 하는 전문가로 활동하기도 하지만, 때로는 학생들에게 수학 튜터로 활동하기도 한다. 때로는 교사로서의 경험이 전혀 없거나 수학교수법에 대하여 지식이 거의 없는 수학 전공자들 중에서 수학 코치를 채용하기 때문에, 수학 코치를 도입한 주에 따라 그 효과에 차이가 있다. 「Math Coaching in Boston」이라는 제목의 논문에서는, "수학 코치가 학교 현장의 수학교육에 효과적으로 도움을 주기 위해서는 일반 교사들에게 요구되는 교수 내용학적 지식pedagogical content knowledge과는 완전히 다른 특별한 종류의 지식을 개발할 필요가 있다고 지적하였다."(Center for Leardership and Learning Communities, 2005)

여기에는 두 가지 이슈가 혼재되어 있다. 수학수업은 수학 교육과정과 수학 교수·학습 방법을 잘 아는 것만으로 해결되지 않는다. 수학교수법적 지식은 데보라 볼과 리핑 마의 연구에서 다루었던 주제와 유사하다. 이와 관련하여 캘리포니아주와 워싱턴주에서 추진되었던 프로그램들(예를 들어, Silicon Valley Mathematics Initiative(2006)과 Smaller Learning Communities(2006))을 살펴볼 필요가 있다. 이 프로그램들은 교사의 내용학적 지식을 향상시키고 수학교사의 공동체를 구성하는 방법에 대하여 논의하고 있다. 실리콘 밸리Silicon Valley 프로그램에서는 수학 코치는 수학교사들이 수학에 대한 학생들의 생각을 이해하는 데 도움을 주어야 한다고 제안하고 있다. 하지만 수학 코치들이 이러한 지식을 어디서 습득하는지, 또는 어떤 역할을 하도록 채용되었는지는 분명하지 않다. 물론, 수학 코치들은 다양한 교사 연수 없이도 전문 분야가 다른 교사들에게 도움을 줄 수 있다. 즉, 수학에 대하여 폭넓은 지식을 갖고 있는 않은 초등교사나 특정 분야만 전공하여 기초적인 수학만을 가르치는 중등교사에게 도움이 될 수 있다. 그러나 홈즈Holmes와 잉거솔Ingersoll은 이처럼 수학 코치들이 현장 교사가 잘 모르는 '전문 분야'를 가르치는 것의 문제점을 지적하였다. 이 문제는 매우 중요하기 때문에 유의해야 할 필요가 있다.

## 수학교육

미국 전역에 걸쳐서, 각 학급별로 수학교사들에게 요구하는 기대수준은 서로 다르다. 초등학교의 경우에는 모든 교사들이 수학을 가르치지만, 수학을 가르치는 데 특별한 승인을 받지 않아도 된다. 초등학교 교사들 중에는 수학 분야를 전공한 경우도 있지만, 수학을 탁월하게 잘하는 초등학교 교사는 거의 없다. 일부 초등학교 교사와 유치원 교사들 중에는 수학교육 분야를 전공하는 경우도 있다. 이 교사들은 아동들이 수학을 어떻게 학습하는지에 대해서 연구하고, 아동들을 효과적으로 교육하기 위한 전략이나 방법을 개발한다. 그러나 대부분의 초등학교 교사들은 중등학교 교사들만큼 수학 내용학적 지식을 갖고 있지 못하다고 보고되고 있다. NCLB에서 생각하는 '높은 수준'의 수학교사는 4년제 대학의 학사 학위 및 주에서 요구하는 교사 자격증을 갖고 있어야 하며, 수학적으로 능력이 있다는 것을 입증해야만 한다. 즉, 수학을 전공하거나 수학 관련 과목을 이수해야 하며, 수학 내용학적 지식을 평가하는 Praxis II와 같이 주에서 개발한 시험에 통과해야 한다. 그러나 시험의 초점은 교수법이나 효과적인 수업에 있는 것이 아니라, 수학 내용에 있다. 물론, 많은 고등학교 교사들 중에도 이러한 '높은 수준'을 갖추지 못한 교사들도 있다. 왜냐하면, 미국의 중등학교에는 수학교사와 과학교사가 매우 부족하기 때문이다. NRC의 2001년도 보고서 「Adding It Up」에서도 미국의 초등학교 교사와 중학교 교사들은 수학적 지식이 부족하다고 지적한 바 있다. 결과적으로, 미국 어린이들은 새로운 방식으로 수학적 개념과 지식을 가르칠 준비가 제대로 되어 있지 않은 교사들로부터 새로운 종류의 추상적 사고를 필요로 하는 수학을 배울 가능성이 매우 높다.

우리는 앞에서 리핑 마의 연구를 언급하였다. 숀펠드는 리핑 마의 저서 『Knowing and Teaching Elementary Mathematics(Ma, 1999)』를 "수학전쟁의 양쪽 진영에 관심을 갖게 만든 최초의 논문이었다."라고 썼다(Schoenfeld, 2004). 리핑 마는 미국과 중국의 초등학교 교사들에게 네 가지 문제를 제시한 다음, 그들의 반응을 비교하였다. 이 네 가지 문제는 받아내림이 있는 뺄셈, 여러 자릿수의 곱셈, 분수 나눗셈, 넓이와 둘레였다. 리핑 마의 연구결과는 충격적이었고 강렬하였다. 미국 교사들도 아동들에게 계산 문제를 해결하는 방법에 대해 시범을 보이기는 하였지만, 미국 교사들의 산술적 지식은 중국 교사들에 비하여 매우 절차적이었으며 피상적이었다. 예를 들어, 중국 교사들은 받아내림이 있는 뺄셈을 지도할 때 학생들에게 단순히 '빌려오는 것'으로 가르치지 않고, 자릿값의 개념을 도입하여 설명한다. 분수 나눗셈에서도, "미국 교사 23명 중 단 1명만이 분수 나눗셈의 의미를 개념적으로 정확하게 표현하였으나, 중국 교사는 90%가 설명하였다." 또한, 중국 교사 모두는 $1\frac{3}{4} \div \frac{1}{2}$을 정확하게 계산하였지만, 미국 교사는 40%만이 정확하게 계산하였다. 교사들에게 이 분수 나눗셈에 해당하는 수학 문장제를 제시하라고 했더니, 중국 교사는 90% 이상이 이를 제시하였으나, 미국 교사는 단 1명만 제시하였다.

리핑 마의 연구 목적은 미국 교사들의 자존심을 떨어뜨리는 것이 아니라, 미국과 중국 양국에서의 교육자로서의 경험을 바탕으로 수학 교수·학습에서의 두 나라는 어떤 차이점이 있는지를 찾아내는 것이었다. 리핑 마는 왜 훌륭한 교육을 받은 미국 교사들이 중국 교사들과 다르게 반응했는지 그 이유가 궁금하였다. 그녀는 중국 교사들은 미국 교사들과 달리 기본적인 수학을 충실하게 이해한 상태에서 교사를 시작한다는 점을 발견하였다. 더욱이, 중국 교사들의 이해는 훨씬 일관성이 있었으며, 그들은 수학적 용어를 체계적으로 사용하였다. 리핑 마는 자신의 연구결과를 다음과 같이 요약하였다. “미국 교사들도 개념적 이해를 위한 수업에 관심이 있기는 하지만, 그들의 생각에는 수학교육에 대한 미국의 전반적인 생각이 깔려 있다. 즉, 초등학교수학은 ‘초보적인 것’으로서 단지 수학적 사실이나 규칙을 모아놓은 것에 불과하며, 수학을 행하는 것은 정답을 구하기 위하여 단계별로 정해진 일련의 절차를 따라가는 것이다.”(Ma, 1999, Ball, 1991) 그렇다면 수학교사에게는 어떤 종류의 지식이 필요한가?

## 수학교사에게 요구되는 세 가지 필수 지식

지난 2세기에 걸쳐서, 미시간대학교의 데보라 볼과 그의 동료들을 포함하여 여러 학자들은 수학교사들이 갖추어야 할 지식에 관하여 구체적인 연구를 수행하였다. NRC의 보고서 「Adding It Up」에서는 이러한 지식의 범주에 대하여 나음과 같이 정의하였다. "우리가 지식이라는 용어를 포괄적으로 사용하기는 하지만, 지식은 무엇에 대하여 아는 것만을 의미하지는 않는다. 교사는 자신의 지식을 수업 상황에서 사용하는 방법도 알아야 한다. 교사의 지식은 수업에 그것을 사용할 때 비로소 가치가 있는 것이다. 교사의 지식은 수업과 별개일 수 없다."(pp.379-380) 따라서, 여기서 의미하는 지식은 수학에 대한 지식, 학생들이 수학을 배우는 방법에 대한 지식, 수업에 수학을 적용하는 방법에 대한 지식, 학생들에게 수학을 가르치는 방법에 대한 지식 등이다. 이 각각의 지식들을 좀 더 자세하게 살펴볼 필요가 있다.

### 수학에 대한 지식

수학 자체에 대한 지식에는 수학적 사실, 개념, 절차, 그리고 그들 사이의 관계에 대한 지식, 수학적 아이디어가 표현되는 방법에 대한 지식, 특히, 수학적 지식이 어떻게 생성되는지에 대한 지식, 수학에서 담론의 본질 및 수학적 논증에 관한 지식 등이 포함된다. 리핑 마에 따르면, 기초 수학에 대한 깊은 이해profound understanding of fundamental mathematics, PUFM를 "기초 수학 영역을 깊고 폭 넓고 엄밀하게 이해하는 것으로 정의한다. … 이처럼 기초 수학을 깊고 폭 넓고 엄밀하게 이해한 교사는 수학적 개념들 간의 관계를 직접 제시하는 것이 아니라, 수학 교수·학습을 위하여 다만 드러낼 뿐이다."(p,120) 그러한 수학 교수·학습은 다음 네 가지 특징을 갖는다.

① **연관성** : PUFM을 지닌 교사는 일반적으로 수학 개념과 절차들을 서로 연결시키려고 노력한다. …이렇게 하면 학생들이 학습한 지식 조각들은 분리된 상태로 놓이지 않게 될 것이며, 학생들은 서로 연결되고 통합된 지식 꾸러미를 학습하게 될 것이다.

② **다중 관점** : PUFM을 지닌 교사는 한 아이디어의 여러 측면들을 인식하고, 해법에 대한 다양한 접근 방법을 중시할 뿐만 아니라, 여러 측면과 다양한 접근 방법에 대해서 수학적으로 설명할 수 있다.

③ **기본 개념** : PUFM을 지닌 교사는 수학 지향적인 태도를 보이며, '단순하지만 강력한 기초 개념 및 원리(가령, 방정식 개념 등)'를 잘 알고 있고 학생들에게 기본 개념을 재차 강조하는 경향이 있다.

④ **종적 일관성** : PUFM을 지닌 교사는 특정 학년에 배워야 할 지식만 지닌 것이 아니다. 그들은 초등 수학 교육과정 전체를 기본적으로 이해하고 있다(p.122). 이상의 설명을 충분히 이해하기 위해서는 구체적인 사례가 필요하겠지만, 리핑 마가 생각하는 훌륭한 수학교사는, K－12학년 수학 교육과정 전체를 잘 알고 있으며, 모든 문제는 서로 관련되어 있고 다양한 접근 방법이 있다는 것을 학생들에게 쉽게 이해시킬 수 있는, 그리고 능력이나 흥미에 상관없이 모든 학생들이 기초 수학을 충실하게 학습할 수 있도록 하는 교사이다.

## 학생들이 수학을 배우는 방법에 대한 지식

학생들이 수학을 어떻게 학습하는지에 대한 교사의 지식은 각각의 아동들이 수학을 어떻게 이해하는지를 파악하고 그것에 맞추어 학생들의 수학학습 경로를 계획할 수 있도록 한다. 연구자들은 학생들의 수학적 사고가 어떻게 개발되는지에 대하여 완벽하지는 않지만 광범위한 지식을 갖고 있다. 많은 초등학교 교사와 중등학교 교사들은 자기 자신이 갖고 있는 오개념을 학생들에게 그대로 전수하는 경향이 있다. 인지적으로 안내된 수업Cognitively Guided Instruction, CGI이라고 불리는 방법은 아동들의 사고에 관한 지식을 바탕으로 이루어지는 수업으로서 이러한 문제점을 해결하려고 시도하였다. 교사의 참여는 두 가지 원리에 기초하고 있다. 카펜터와 동료들Carpenter et al. (2000)은 CGI 수업 방법을 다음과 같이 설명하였다.

① 교사의 상호작용은 아동들의 수학적 사고를 개발하는 데 초점을 둔다.
② 교사가 갖고 있는 기존 지식을 바탕으로 한다(p.2).

많은 교사들이 학생들이 수학에 대하여 어떻게 생각하는지에 대하여 직관적 지식을 충분히 갖고 있음에도 불구하고, 교사의 지식이 편협하여 그들의 지식을 수업에 활용하지 못하는 것으로 나타났다. CGI 수업을 준비하기 위하여, 교사들은 학생들의 행동과 질문을 해석하고, 학생들의 지식과 기능을 바탕으로 학생들에게 질문하는 방법을 배운다. 많은 교재와 교사 교육 프로그램에서도 이러한 문제점을 해결하려고 노력하고 있지만, 중요한 것은 교사들은 학생들이 어떻게 학습하는지에 대해서 더 많이 알아야 하며, 학생에 대한 이러한 지식을 수업에 활용해야 한다는 점이다. 그러나 리핑 마가 말한 깊은 수학적 지식을 지니지 못한 채 수학교수법을 배울 수 있을지는 분명하지 않다.

## 수학을 가르치는 방법에 대한 지식

수학교사들은 어떤 수업이 훌륭한 수업인지에 대하여 이해하고 있어야 한다. 이를 위하여 교사는 수학에 대한 지식이 풍부해야 하며 학생들이 추상화된 수학을 어떻게 학습하는지를 충분히 이해해야 한다. 이러한 실제적 지식에는 교육과정과 수업에 관한 지식이 포함된다. 때로는 새로운 교육과정이나 교과서의 전반적인 특징과 구조를 이해하지 못하는 교사들도 있다. 교사가 교육과정에 대하여 전반적으로 이해하지 못한다면, 그 교사는 학생들이 반드시 배워야할 교육과정을 충실하게 다루지 않거나 교과서에 제시된 내용을 간과하는 경우도 있을 것이다. 이러한 이유로 일부 지역 교육청에서는 수학코치를 채용하는데, 그 채용의 목적은 수학 내용이나 수학수업에 도움을 주기보다는 새로운 교육과정이나 교과서를 소개하고 설명하기 위한 것이다. NRC의 보고서 「Adding It Up」(p.380)에서는 탁월한 수학수업의 특징을 다음과 같이 구체화하였다.

① 실제 수업에서 요구되는 핵심적인 지식을 개념적으로 이해하고 있다.
② 기본적인 수업 절차에 맞게 수업을 능숙하게 진행한다.
③ 수업을 전략적으로 계획하고 수업 중에 발생하는 문제점을 효과적으로 처리한다.
④ 자신의 수업을 타당성 있게 설명하며, 자신의 수업을 개선하기 위하여 수업을 반성적으로 성찰하는 적응 추론 능력이 있다.
⑤ 수학, 수학 교수·학습, 수업 개선에 대하여 전향적인 성향을 갖는다.

NRC의 유사한 연구인 「Effects on Teachers' Mathematical Knowledge for Teaching on Student Achievement(Hill et al., 2005)」에서 힐Hill과 동료들은 교수법적 지식을 평가하는 두 가지 방법을 설명하였다. 이들의 연구에 따르면, 앞에서 언급했듯이 교사의 능력은 대학교에서 이수한 강좌 수나 학위 수, 또는 수학성적 등과 같은 지표와는 상관관계가 별로 없다. 이것들 보다 더 중요한 것은 '과정－결과process－product' 지식으로서 이것은 NRC 보고서(2001)에서 '적응 추론adaptive reasoning'이라고 했던 것과 같은 종류의 교사 지식이다. 다시 말해서, 적응 추론은 수업 내용을 이해하지 못하는 학생들이 발생했을 때 교사가 이를 해결하기 위하여 사용하는 창의적인 문제해결 능력이라고 볼 수 있다. 수학수업의 어려움과 교사들에게 요구되는 세 가지 종류의 교사 지식에 대한 이상의 연구에 비추어 볼 때, 모든 학생들이 수학을 학습하게 하려면 미국의 수학수업을 어떻게 개선해야 하는가? 미국의 수학교육은 NCTM이 강조하고 있는 교육적 평등성을 어느 정도까지나 달성하고 있는가?

## 수학수업 개선

미국의 수학수업을 개선하기 위해서는 무엇을 바꾸어야 하는가? 국제적인 평가 결과와 여러 교육 이론들에 대한 논의을 통하여 우리는 다음과 같은 점을 알게 되었다. "우리는 평가 결과를 무시할 필요가 있으며, 그 해결책이 특별한 교수법 이론이나 새로운 교과서에 있다는 생각에서 벗어날 필요가 있다." 수학교육의 질은 무엇보다도 교사들이 가져야 할 세 가지 유형의 교사 지식으로 평가되어야 한다. 즉, 수학 자체에 대한 지식(내용 지식), 수학학습에 대한 지식(교수법 지식), 어려운 수학적 추상화를 이해하지 못하는 학생들을 도와주는 방법에 관한 지식(교수법적 내용 지식)이 그것이다. 모든 사람들이 이해하기에는 수학이 본질적으로 어려운 과목이라는 편견을 극복하기 위해서는, 대부분의 학생들이 수학을 이해할 수 있게끔 도와 줄 수 있는 탁월한 교사들이 있다고 믿음을 가져야 한다. 지금까지의 연구를 보면, 이 세 가지 교사 지식이 교사 연수 프로그램 및 예비교사 교육에서 중요한 부분을 차지하지만, 우리는 탁월한 능력을 갖춘 수학교사를 양성하는 데 활용할 수 있을 정도로 이 세 가지 교사 지식에 대하여 충분히 알지 못하고 있다.

리핑 마는 이 문제를 약간 다른 관점에서 다음과 같이 말하였다(Ma, 1999). "학교수학에 대한 교사 지식의 중요성을 고려해 볼 때, 학생들의 수학학습을 개선하기 위하여 취해야 하는 중요한 행동은 교사의 수학적 지식을 개선하는 것이다. … 학생들의 수학학습과 교사의 수학적 지식을 동시에 강조하는 것은 이상한 것이 아니다. 학생들의 수학학습을 개선하기 원한다면, 교사의 수학적 지식을 개선해야 할 필요가 있다."(p.144) 리핑 마는 수학교육을 개선을 위하여 다음과 같은 몇 가지 제안을 추가하였다.

① 학교수학에 대한 교사의 지식과 그것을 가르치는 방법에 대한 지식 사이의 상호 관련성이 증대되어야 한다. 이것은 초등학교수학은 기초적이고 피상적이며 평범하다(즉, 쉽다)는 신념에서 벗어나는 것을 의미한다. 리핑 마는 초등학교수학은 생각보다 훨씬 복잡하며, 엄밀한 수학적 용어를 도입하는 중요한 기회를 제공하며, 나중에 수학을 공부할 때 필요한 기초를 마련해 준다고 주장하였다.

② 교사들에게 수학에 대한 깊은 이해뿐만 아니라 수학을 효과적으로 가르치는 방법에 대한 교육 및 연수가 이루질 수 있도록 교사 양성 체제를 강화해야 한다. 예비교사들은 교수법적 전략을 가르치는 수학교수법 강좌를 이수하지만, 대상으로 하고 있는 학생들이 어느 정도는 기본적인 수학을 이해하고 있다고 가정한 상태에서 교수법 전략을 배운다.

③ 수학수업 개선에서 교과서 및 교구를 포함하여 교육과정이 하는 역할을 이해해야 한다. 새로운 교육과정이 도입되면, 지역 교육청과 학교는 교사들에게 새로운 방법을 이해시켜야 하고 수학에 대한 지식을 갖추도록 해야 할 의무도 있지만, 수학교육을 개선할 수 있는 좋은 기회가 되기도 한다.

④ 개혁의 열쇠는 본질적으로 수학 자체에 있다는 점을 이해해야 한다. 즉, 리핑 마가 말한 '수학에 대한 깊은 이해'에 있다.

NRC는 좀 더 강력한 입장을 취하면서 다음과 같이 주장하였다.

"실용성에 바탕을 둔 어제의 학교수학교육은 더 이상 살아남지 못한다. 계산 절차에 대한 기계적인 암기 학습은 더 이상 가치가 없다. … 수학적 지식 및 기능, 수학에 대한 자신감을 갖지 못한 채 초등학교와 중학교를 졸업하는 미국 학생들이 너무나 많다. … 이처럼 많은 학생들이 수학학습에 실패하는 것은 개인적인 발전 가능성뿐만 아니라 국가적 발전에도 저해가 된다."(National Research Council, 2001, p.407)

물론, 국가적 발전은 실용적인 관점에서 나온 말이다. 어떤 의미에서 실용성에 바탕을 둔 수학이 더 이상 살아남지 못할 것인지는 분명하지 않다. 그러나 NRC에서는 수학교육을 개선하기 위하여 다음과 같이 몇 가지 권고를 하였다(p.410).

① 수학수업은 학생들이 교사나 교과서가 제시한 내용을 단순히 내면화함으로써 수학을 학습하거나, 아니면 학생들 스스로 수학을 발견함으로써 수학을 학습해야 한다는 극단적인 입장을 취하지 말아야 한다.

② 교사의 전문성은 질적으로 수준이 높아야 하고 지속적으로 개발되어야 하며, 모든 학생들의 수학적 능력 개발에 초점을 맞추어야 한다. 학교 당국은 교사가 수학수업을 개선하기 위하여 지속적으로 노력할 수 있도록 지원을 해야 한다. 이를 위해서는 시간과 재원이 필요하다.

③ 학교 차원의 개선이 효과적으로 이루어지기 위해서는 교육과정, 수업자료, 평가, 실제 수업, 전문성 개발, 학교 조직이 조화롭게 구성되어야 한다.

④ 학생들의 학습을 개선하기 위해서는 수학학습에 대한 지속적인 연구가 필요하다.

NRC는 다음과 같이 결론을 내렸다.

"어떤 국가도 모든 학생들이 수학적 능력을 갖게 하자는 목표를 달성하지는 못하였다. 국제 수학성취도 평가에서 최상의 점수를 받은 국가라도 말이다. 미국에게 이것은 매우 도전적이고 야심찬 목표이며, 어설프게 교육 정책을 손보는 것으로는 그러한 목표를 결코 달성하지 못할 것이다. … 일반적으로 학교수학교육이 이루어지고 있는 방식에 대해서 조직적이고 체계적이고 지속적인 개선이 필요할 것이며, 기존과는 다르거나 새로운 종류의 지원이 필요할 것이다. 또한, 교육 정책을 수립하고 시행하는데 있어서 수학교육에 대하여 적극적인 관심을 기울일 필요가 있다."(p.432)

스티글러와 히버트는 「The Teaching Gap(1999)」에서 다음과 같이 말하였다. "미국의 교육 개혁 대부분은 수업 자체에 초점을 두지 않았는데, 몇 가지 주목할 만한 예외가 있다. 그 중 하나는 수학교육 분야로서, 특히 NCTM은 수학수업을 개선하기 위하여 많은 노력을 했다."(p.104) 이 두 연구자는 수학수업에 대한 TIMSS 비디오 연구Video Study를 통하여 일본의 수학수업이 미국보다 훨씬 더 효과적이라고 결론을 내렸다. 또한, 일본은 특정한 차시의 수학수업 개선에 초점을 둠으로써 수학교사의 역량을 개선하는 매우 효과적 방법을 적용하였다. "수업 연구Lesson Study의 전제는 간단하다. 수업을 개선하기 원한다면, 가장 효과적인 곳은 바로 수업이 이루어지는 그 곳이다."(Stigler and Hiebert, 1999, p.111) 그들의 결론은 수업 개선을 위하여 볼Ball과 마Ma가 제시했던 것을 넘어서는 것이다. 교사의 수학에 대한 이해와 수학을 가르치는 능력을 향상시키는 데 초점이 있지만, 그것을 달성하는 방법은 교사가 특정한 수업을 개선할 수 있게 하는 수업 연구로부터 시작되어야 한다. 스티글러와 히버트는 수업 연구의 과정을 다음과 같이 정리하였다.

① 문제 정의하기
② 수업 계획 세우기
③ 수업 진행하기
④ 수업 평가하기 및 반성하기
⑤ 수업 수정·보완하기
⑥ 수정된 수업안으로 수업하기
⑦ 수정된 수업안 평가하기 및 반성하기
⑧ 수업 결과 공유하기

이상의 수업 연구 과정은 교사들이 서로 협력하여 진행해야 하는데, 이것은 리핑 마가 밝혔듯이 중국 교사들에게서 가장 잘 나타나는 현상이다. 이 수업 연구에는 외부 교육자나 컨설턴트를 참여시킬 수 있으나, 대부분의 활동은 지역 교육청이나 인근 학교의 수학교사들이 협력하여 진행해야 한다. 물론, 중국 교사들은 수학만을 가르치기 때문에 더 많은 이점이 있을 것이다.

스티글러와 히버트는 수업 연구가 장기적이고 지속적 과정이기 때문에 수학수업을 개선하는 데 효과적일 것이라고 생각했겠지만, 수업 연구는 실제 수업 상황에서 수학수업을 개선하는 데 초점을 두어야 하며 교사들이 서로 협력적이어야 한다. 수업 연구에 참여하는 교사들은 수업 기능뿐만 아니라 수업에 대한 지식 개발에도 노력을 기울여야 한다. "일본의 경우에, 교육자들이 과거 50년 동안의 수학교육을 되돌아보고 점차 개선되고 있음을 확인할 수 있었다. 그러나 미국의 경우에는 그렇지 못하였다. 즉, 많은 동향 및 유행이 있었지만 점진적인 개선은 이루지지 않았다. … 우리는 미국의 교실에서 수학 교수·학습의 개선을 지속적으로 이끌 수 있는 시스템을 구축하기 위한 첫 걸음을 내딛어야 한다. 미국에게는 일본이나 독일에서 이루지는 새로운 수업 아이디어가 필요하다. 그러나 이러한 수업 아이디어를 그대로 복사하기보다는, 수업을 개선하기 위한 연구 개발 체계에 반영시켜야 한다. 아울러 이 과정에서 교사가 리더가 될 수 있도록 교사들에게 많은 힘과 권한을 부여해야 한다."(Stigler and Hiebert, 1999, p.127)

## 2008 국가수학자문위원회 최종 보고서

학생들의 좋지 않은 수학성취도에 대한 우려와 '올바른' 수학 교수·학습에 대한 끝없는 논쟁을 해결하고자 부시George W. Bush 대통령은 2006년 4월에 국가수학자문위원회National Mathematics Advisory Panel, NMAP를 구성하였다. 이 위원회의 임무는 "대통령과 교육부 장관에게 미국 학생들의 수학성취도 및 수학교육을 개선하는 방안에 대하여 조언하는 것이었다."(NMAP, 2008, p.7) 수학교육에 대한 NMAP의 연구결과와 권고는 앞에서 우리가 살펴본 미국 및 국제적 방향과 일치하며, 수학교육을 개선하기 위하여 NRC가 제시한 네 가지 권고 사항과 유사하다.

이 위원회는 "수학교육의 전달 시스템이 고장 났으며 반드시 고쳐야 한다."(p.11)는 데 동의한다. 즉, 수학 지식 및 가치를 다음 세대에 온전히 전달하는 시스템의 문제가 있다는 것이다. 이 위원회에서 제시한 핵심적인 권고 사항은 '가장 중요한 일을 먼저 하자'(p. 11)는 것으로 그 의미는 다음과 같다.

① K－8학년 수학 교육과정을 구성할 때 저학년부터 잘 정의된 핵심 주제를 강조한다.

② 수학수업은 아동들이 어떻게 학습하는지에 대한 엄밀한 연구결과를 바탕으로 이루어져야 한다. 즉, 저학년에서부터 수학에 대한 견고한 토대가 마련되어야 하고, 개념적 이해, 절차적 기능, 기본 사실에 대한 자동화된 기억의 장단점을 인식해야 하며, 수학적 능력은 타고난 것이 아니라 노력에 의해서 길러질 수 있다는 생각을 바탕으로 해야 한다.

③ 수학 지식이 우수한 교사가 수학교육에서 중심적인 역할을 해야 하며, 교수법적 지식을 바탕으로 교사의 질이 평가되어야 한다.

④ 수학수업은 교사의 연구와 전문적 판단에 기초하여 계획되고 진행되어야 하며, '학생－중심'이나 '교사－중심'의 양쪽 극단으로 진행되기보다는 상황에 맞게 두 가지 관점을 적절하게 결합해야 한다.

⑤ 국가학업성취도평가NAEP와 주 단위의 평가는 질적으로 개선되어야 하며, '대수적 능력과 관련된 가장 핵심적인 지식과 기능(p.12)'을 강조해야 한다.

⑥ 국가적으로는 정책을 결정하고 그것을 시행하는 데 필요한 연구 역량을 구축해야 한다. 위원회에서도 "중요한 관심사에 대한 연구가 그리 많지 않았다 ….."라고 지적하였다.

⑦ 위원회에서는 "수학교육을 개선하기 위한 이러한 노력은 마치 스푸트니크 발사 이후에 미국 사회에 보여주었던 바와 같이, 지속적으로 진행되어야 할 것이다."(p.13)라고 밝혔다.

NMAP 최종 보고서는 다음과 같이 시작한다. "교육 시스템을 지속적으로 그리고 본질적으로 바꾸지 않는다면, 21세기에 미국은 국제적 리더십을 내려놓게 될 것이다(p.xi). 그리고 수학성취도는 인종 및 경제적 수준에 따라 엄청난 차이가 있으며, 이 현상은 지속적으로 반복되고 있다. 이러한 수학성취도의 차이는 개인이나 가정의 문제가 아니라 국가의 장래에도 큰 위협이 된다."(p.xii) 이 보고서의 결론은 다음과 같다.

"우리는 더 이상 수학교육이 과학자나 기술공학자가 되려고 하는 소수의 몇 명만을 위한 과목이라는 점을 받아들일 수 없다. 수학은 읽고 쓰는 능력과 마찬가지로 모든 시민들에게 필수적인 능력이다."

이 위원회는 미국에서 수학전쟁을 종식하는 데 있어서 가장 큰 장애물을 다음과 같이 설명하였다. "이것은 시스템의 어느 한 부분에 대한 문제가 아니다. 이제 미국이 추구하는 가치와 목표를 달성하기 위해서는 여러 부분들이 서로 협력적으로 작용해야 한다. … 특히, 수학 지식이 강조된 부분에 대한 논쟁을 잘못 이해하고 있는 것 같다. … 수학 지식에 대한 교사의 능력은 서로 협력적으로 작용해야 하며, 교사들끼리 서로 도움을 주어야 한다."(p.xiii)

위원회의 결론과 권고 사항을 보면, 많은 부분이 전통주의적 관점과 유사하게 보인다. 한 수학교과서 출판사는 다음과 같이 말하였다. "이 보고서는 수학교육이 아닌 산술교육을 선호하는 쪽으로 … 그리고 수학적 응용보다는 절차를 선호하는 쪽으로 편향되어 있다." NCTM의 대변인은 "이 보고서는 전례 없이 수학수업에 초점을 두고 있으며 수학교육을 개선하는 데 필요한 조치들을 제안하였다. 그러나 위원회의 많은 권고 사항들이 높은 수준의 연구결과를 바탕으로 하고 있음에도 불구하고 보고서의 범위에서 벗어나 있다."(Cavanaugh, 2008a)라고 논평하였다. NMAP 보고서를 긍정적으로 보는 교육자들, 학교 그리고 출판사들도 있으며, 특히 NMAP 보고서가 초등학교 수준에서 대수적 개념과 기능을 강조하면서부터 이와 관련된 수업 자료의 개발과 선정에 많은 영향을 주고 있다(Cavanaugh, 2008b).

NMAP의 가장 중요한 연구결과 중 하나는 "본질적으로 우수한 수학수업에 대하여 아직도 잘 모른다."라는 것이다. 이것은 수학교육에 대한 우리의 연구결론과 같다. 미국에서 요구하는 대규모의 변화가 일어나기 위해서는 차별화되고 효과적인 수학수업이 요구되며, 유치원에서부터 대학원에 이르기까지 질적으로 우수하고 수학적 능력이 뛰어난 교육자들이 그 역할을 담당해야 한다. NMAP에서 교사 교육

분과 좌장을 맡았던 데보라 볼Deborah Ball은, “관련된 연구들이 아직도 완결되지 않았기 때문에 수학수업 개선에 대한 위원회의 결론은 잠정적이다. 또한 우리는 지금과는 다른 10년이 될 수 있도록 이 문제에 대하여 앞으로 10년에 걸쳐 매우 심도 있는 노력을 기울여야 한다.”(Cavanaugh, 2008)라고 같은 의견을 제시하였다.

## 수학교육 개혁은 누가 담당할 것인가?

지식과 기능을 갖춘 교사들에 의한 훌륭한 수업을 통하여 미국의 교육이 개선될 수 있다면, 필요한 변화는 누가 담당해야 하는가? 정책적 관점에서 보면, 이 책임은 관련된 모든 사람들이 나누어 가져야 한다. 교육대학이나 사범대학은 수학적 능력이나 소질을 고려하여 예비교사 선발 기준을 재검토해야 할 것이다. 수학교육 관련 강좌에는 수학에 대한 깊은 이해, 수업 연구, 학생들이 어떻게 학습하는지에 대한 연구 등이 포함되어야 한다. 교사 자격증 또한 이러한 교사 양성 프로그램의 변화를 반영하여 부여해야 한다. 지역 교육청은 수학 전문 교사를 채용함으로써 수학수업의 중요성을 강조해야 하며, 중국 교사와 일본 교사들이 그랬듯이 교사들이 수업 개선을 위한 수업 연구회에 지속적으로 참여할 수 있도록 시간을 보장해 주어야 한다. 연구 단체와 정부 기관은 데보라 볼과 리핑 마, 그리고 많은 연구자들이 수행했던 유형의 연구를 수행할 수 있도록 많은 재정적 지원을 해야 한다. 이러한 유형의 연구들은 훌륭한 수학교사의 요건으로 수학적 지식에 대한 깊은 이해를 강조한 것들이다. 일반 대중들은 교사들이 수학을 더 많이 공부하고, 수학학습에 어려움이 있는 학생들을 도와줄 수 있는 방법을 배우고, 수업 연구를 통하여 탁월하고 특별한 수학교수법을 개발하는 데 도움이 되는 형식적 또는 비형식적 의사소통 네트워크를 구축할 수 있도록 지원을 해야 한다.

스티글러와 히버트 그리고 다른 연구자들은 교육은 문화적 활동이라고 주장한다. 미국의 수학교육 문화는 변화되어야 하겠지만, 그

문화적 변화는 점진적이어야 하며 오래 지속되어야 한다. 앞에서도 언급한 바와 같이, 수학교육에 대한 미국인들의 생각은 국제 성취도 평가 결과 및 전통주의와 구성주의에 대한 내부 논쟁에 집착함으로써 본질에서 벗어나게 되었다. 그 대신에 교사들에게 세 가지 지식을 갖추도록 충분한 시간을 부여하고 재정적으로 지원하는 것이 훨씬 더 생산적일 것이다. 물론, 이 세 가지 지식은 수학에 대한 지식, 수학학습에 대한 지식, 모든 학생을 유의미한 수학학습에 참여시키는 방법에 대한 지식을 의미한다.

다음 장에서는 워싱턴주에서 진행되었던 수학교육에 대한 논쟁 및 해결에 대한 노력들을 살펴볼 것이다. 워싱턴주는 미국의 다른 주들과 크게 다르지 않지만, 주 나름대로의 해결책을 제시하였다.

제3장

# 워싱턴주의 수학교육

## 주 단위의 수학교육 개혁

이제 수학교육 개혁에 관한 논의의 초점을 전 세계적인 관점에서 워싱턴주로 좁혀보자. 워싱턴주의 수학교육 개혁은 1993년 워싱턴주 개혁 법안Washington State Reform Law이 발의되면서부터 시작되었다고 볼 수 있다. 이 법안은 수학교육이 '교사 중심'에서 '학생 중심'으로 바뀌어야 한다는 점을 강조하고 있다. 워싱턴주 교육위원회Commission on Student Learning의 감독관으로서 공립학교교육감Superintendent of Public Instruction은 학생들이 워싱턴주의 발전에 기여하는 데 필요한 필수 지식과 기능들을 설정하였다.

워싱턴주 교육위원회는 워싱턴주 학습규준Washington State Learning Stadndards, WSLS에 따라 학생들의 성취 수준을 모니터링하기 위하여 워싱턴주 학업성취도 평가Washington Assessment of student Learning, WASL를 개발하였다. 워싱턴주 학습 규준은 K−12학년 동안 학생들이 무엇을 알아야 하고 무엇을 할 수 있어야 하는지를 전반적으로 제시하고 있다. 이 규준은 성취 기준을 학년별로 구체적으로 제시하고 있다. WASL 결과에 따라 각 영역별로 학생들의 수준이 정해진다.

워싱턴주는 1996년부터 이러한 필수 기능들을 측정하기 위하여 WASL을 시행하기 시작하였다. 한편, 워싱턴주 의회에서는 교육 개혁을 진행하지 않거나 학생들의 학업성취도가 일정 수준에 도달하지 못한 학교에 대하여 제재를 가할 수 있는 학교 책임 법안을 발의하였다. 그러나, 이러한 법안이 연방 정부 그리고 다른 주에서도 통과되었지만 워싱턴주에서는 통과되지 못하였다. 그 대신에 워싱턴주 의회는 각 학교별로 교육 개혁을 진행할 수 있도록 하기 위하여 공립학교교육감사무국Office of Superintendent of Public Instruction, OSPI에 자금을 지원하였다.

WASL이 기본적인 성취 수준을 측정하기 위한 평가이기 때문에, 워싱턴주에서는 이러한 최소한의 목표를 달성하기 위하여 다음과 같은 세 가지 과제를 제시하였다.

① 학생들은 WSLS에 부합하는 교육과정을 이수해야 한다.
② 학생들은 고등학교 2학년 말까지 기하학 그리고 삼각법과 같은 높은 수준의 수학을 학습해야 한다.
③ 수학수업은 이러한 목표에 부합해야 한다. 워싱턴주 교육위원회의 활동은 WASL을 개발하고, 학생들의 학업성취도를 개선하기 위한 지원 체계를 마련한 이후 1999년까지 지속된다(Commission on Student Learning, 1994).

이러한 변화들은 워싱턴주의 학교교육에 의미 있는 영향을 주었다. 그러나 교육 개혁의 노력은 주로 교육과정과 규준에 초점이 맞추어져 있었다. 우리의 연구에 의하면, 이처럼 교육과정과 규준에 초점을 둔 수학교육 개혁은 수학수업 방식에 본질적으로 변화를 주지 못할 뿐만 아니라, 학생들의 수학적 지식과 기능을 개발하는 데도 효과적이지 못한 것으로 나타났다.

# 워싱턴주의 개혁적 노력

워싱턴주는 수학교육의 문제점들을 해결하려는 노력을 계획성 있게 수행해왔다. 워싱턴주 교원양성대학협의회Association of Colledges for Teacher Education, WACTE에 따르면, "대부분의 교원양성대학은 최첨단의 수학교육 개선 연구에 참여하고 있다." 워싱턴주의 대표적인 수학교육개선연구 및 프로젝트는 워싱턴대학교University of Washington, UW, 에버그린 주립대학교Evergreen State College, ESC, 이스턴워싱턴대학교Eastern Washington University, EWU, 워싱턴주립대학교Washington State University, WSU에서 진행되었다(WACTE, 2006). 이러한 연구 및 프로젝트에서 논의된 몇 가지 주제는 다음과 같다.

## 수학 프로그램 개선

NSF에서는 워싱턴대학교수학교육과에 수학 프로그램 개선을 위한 자금을 지원하였으며, 교육 대학의 일레이나 혼Ilana Horn 교수와 짐 킹Jim King 교수와의 공동 연구를 통하여 고등학교 교사들이 수학 프로그램을 개선하고, 문제해결에 새로운 교육과정을 적용하며, 상호 협력적인 수학수업을 도입하는 데 연구비를 지원하였다. 연구자들에 따르면, "학생들이 교실에서 혼자서 활동하는 대신에 상호 협력적으로 활동함으로써 교육과정이나 수업 방법이 학생들의 요구에 효과적으로 부합할 수 있었다."(WACTE, 2006, p.3)라고 주장하였다. 또한, "새로운 프로그램을 시작한 첫해의 학년 말쯤부터 큰 변화가 보이기 시작하였다. 학생들은 수업에 적극적으로 참여하였고, 더 높은 수준의 수학적 사고 과정에 참여하게 되었다.(p.4)" 한 중견 교사는 "이것은 내가 지금까지 경험한 전문성 신장 중에서 최고였다."라고 말하기도 하였다.

## 교사의 지식 개선

에버그린 주립대학교 교육대학원 교수들은 강화된 수학 교육과정을 예비교사 교육 및 현직교사 연수 프로그램에 도입하였으며, 중학교에도 보급하였다. 또한, 이 대학의 에니타 렝게스Anita Lenges 교수는 "교사들이 수학을 가르치는 데 어떤 수학적 지식을 갖추어야 하는지에 대하여 워싱턴주의 수학 전공 교수와 수학교육 전공 교수들과 공동 연구를 수행하였다."(p.4) 에버그린 주립대학교에서는 예비교사와 현직교사들이 참여하는 몇 가지 연구가 수행되었다. 이 중에는 에버그린 주립대학교와 체니Cheny 교육청이 협력하여 Parter in Learning(PiL)이라는 교사 전문성 프로그램을 개발하였다. 워싱턴주립대학교에서는 에이미 맥더피Amy McDuffie 교수가 예비 수학교사와 현직 수학교사를 대상으로 학생 중심의 수학수업에 초점을 둔 전문성 개발에 대한 연구를 수행하였다. 맥더피 교수의 연구는 「Mathematics Teaching as a Deliberate Practice : An Investigation of Elementary Pre-service Teachers; Reflective Thinking during Student Teaching (McDuffie, 2004)」와 「The Teacher as Researcher(McDuffie, 2005)」라는 제목으로 발표되었다.

## 대학-학교 간 협력 체제 구축

Mathematics Case Study Project는 에버그린 주립대학교, 워싱턴주립대학교, 워싱턴대학교와 7개의 지역 교육청이 협력하여 개발한 프로그램이다. 수학 내용, 규준을 충실히 이해하고, 수업 방법을 개선하며, 교사의 리더십을 함양하고, 수학수업이 WSLS에 부합하도록 하기 위하여 특별히 개발된 자료들을 교사와 각급 학교에 보급하는 것을 목적으로 수행되었다. 중등과학 및 수학교육을 개선하기 위한 또 다른 협력 프로젝트인 중등과학·수학개혁을 위한 파트너십Partership for Reform in Secondary Science and Mathematics, PRiSSM은 OSPI의 지원으로 수행되었다. 3년에 걸친 프로젝트를 통하여 6-12학년 수학교사와 과학교사를 위한 전문성 개발 커뮤니티Professional Learning Communities, PLC가 구성되었다. 이 커뮤니티의 주된 목적은 교사의 리더십을 함양하고 질 높은 수업을 운행하는 능력을 강화함으로써 장기적으로 교사의 전문성을 개발하는 것이다. 교사의 전문성 개발은 대부분 전문성 개발 커뮤니티를 통하여 교사들이 질적으로 우수한 수업에 대하여 협력적으로 탐구하는 과정에서 이루어진다.

## 커뮤니티 파트너십

PRiSSM은 워싱턴주에서 진행되었던 수학-과학 파트너십Math-Science Partnership, MSP 프로젝트 중 하나이다. 현재 계획 단계에 있는 워싱턴주 단위의 MSP 프로젝트는 주관 기관인 워싱턴대학교에서 진행되고 있는데, 이 프로젝트는 수학교육협의체Mathematics Education Collaborative (MEC, 2008)가 개발한 특별한 모델을 구현하기 위한 것이다. "MEC의 모델에는 교육과 관련된 모든 구성원들이 총망라되어 있으며, 특히 학교수학의 질을 향상시키기 위하여 교육자, 학부모, 지역 공동체의 참여를 강조하고 있다. 이렇게 잘 구성된 공동체를 통하여, 모든 구성원들은 학생들에게 적절한 학습 경험을 제공하는 것의 중요성을 인식하게 될 뿐만 아니라, 교육청에서는 수학 교수·학습을 개선하기 위하여 지속적으로 노력해야 한다고 주장할 것이며, 수학교육 개선을 위한 노력들을 지지하고 지원할 것이다." 이 MSP 프로젝트는 고등교육 기관의 수학 교수와 교육학 교수, 지역 교육청의 수학 담당 장학사, 학교의 행정 직원, 학교장, 교사, 학부모, 지역 사회의 리더들의 협력체로 구성된다. 이 프로젝트의 장기적인 목표는 K−20학년에 걸쳐서 수학을 가장 효과적으로 그리고 적절하게 가르칠 수 있는 방법을 이해하는 것이며, 교사 교육자, 수학자, 기술공학자 그리고 다른 전문직 종사자들을 포함하여 학교와 공동체의 리더들이 수학교육의 질을 향상시키는 것이다. MEC 모델은 워싱턴주 전체에서 진행하는 대규모의 수학교육 개선을 위한 하나의 모형이 될 것이다.

이러한 개혁적 노력들은 일반인들에게도 홍보되고 있다. 그러나 그러한 노력들이 충실하게 진행되고 있는지, 또 어느 정도 성과를 거두고 있는지에 대해서는 아직까지 분명하지 않다.

## 워싱턴주의 교훈

워싱턴주에서 개혁 법안이 통과되고 10년이 지난 후, 수학성취도에서 어느 정도 개선이 있었지만, 개혁주의자들이 기대했던 것만큼 높은 수준에는 미치지 못하였다. 18개월 동안의 연구를 실시한 후 워싱턴주 지사는 2006년 11월에 「Washington Learns : World－Class, Learner－Focused, Seamless Education」이라는 보고서를 발간하였다. 이 보고서의 골자는 다음과 같다. "교육은 우리 아이들, 우리 주, 우리 경제와 미래를 위해서 우리가 할 수 있는 가장 중요한 투자이다. 따라서 우리는 다음 십년을 위하여 교육을 재구성하고 재투자하기 위한 대담한 계획을 제안하고자 한다. 우리는 공교육의 목적과 기능에 대하여 새로운 방식으로 생각할 것으로 제안하며, 수학교육과 과학 교육이 우선적으로 해결해야 할 개선의 대상이다." 세계적 수준의 교육 시스템을 개발하려는 대담한 목표를 달성하기 위하여, "우리는 다른 나라와 다른 주의 규준에 부합하거나 능가하고, 또한 유치원에서 대학원에 이르기까지 모든 학생들이 다음 단계의 수학·과학을 학습할 수 있도록 수학·과학 규준을 설정할 것이다."(Washington Learns, 2006, p.6)

세계적 수준의 교육 시스템을 구축하기 위한 다섯 가지 계획 중 한 가지는 수학과 과학의 경쟁력 강화로서, 보고서에서는 다음과 같이 주장하였다. "워싱턴주가 글로벌 경제 시장에서 경쟁하기 위해서, 우리는 학생들에게 수학과 과학이 어렵다는 인식을 버리게 해야 하고, 수학과 과학은 재미있으며 잘 할 수 있다는 인식을 갖게 해야 한다.” 이러한 목표를 달성하기 위하여 다음과 같은 일곱 가지 전략이 제시되었다(pp. 24－28).

① 유아 교육 교사들을 훈련시키기 위한 수학·과학 교재 개발
② 세계적 수준의 수학·과학을 학교 수업에 도입
③ 수학·과학 교육의 전문성 개발
④ 우수한 수학·과학교사 유치
⑤ 민관협력을 통하여 수학·과학에 대한 학생들의 흥미도 고취
⑥ 수학·과학 관련 자격증 또는 학위를 취득하는 학생들에게 인센티브 및 다양한 기회 확대
⑦ 방과 후 학습을 통한 수학학습 지원

교육 개혁의 목적과 비교했을 때, 이상의 전략들은 높은 수준의 수학수업을 강조하고 있으며, 그런 수학수업을 하는 데 필요한 교사의 수학적 지식에 초점을 두고 있다. 개혁적 노력에서 교사의 역할은 매우 중요하기 때문에, 수업과 교사의 수학적 지식에 초점을 둔 것은 당연하고 의미 있는 일이다. 이러한 새로운 전략들이 제도적 지원뿐만 아니라 교사들의 참여와 열정을 통하여 수학수업을 개선하는데 도움이 될 것인지는 좀 더 두고 봐야 할 것이다.

「Washington Learns」 보고서에 제시되었던 제안의 후속으로서, 워싱턴주지사 사무실에서는 2007년 5월 21일에 다음과 같이 추가 계획을 발표하였다. “오늘 주지사 크리스틴 그레고리Christine Gregoire는 「Washington Learns」 보고서에서 제시한 세계적 수준의 교육 시스템을 구축하기 위한 일환으로 주 정부가 학교교육에 책임을 지고 학생들의 학업성취도를 평가하게 하는 자문위원회 설립에 서명하였다. … P－20 자문위원회는 2006년 11월 「Washington Learns」 보

고서에서 제안했던 10개년 계획을 책임지고 추진할 것이다. 또한, 이 위원회는 학생들의 학업성취도를 향상시키고, K－12학년과 고등교육을 개선할 것이며, 2008년부터 매년 연차 보고서를 발간할 것이다.”

「Washington Learns」 보고서가 워싱턴주의 수학교육 개혁에 대하여 OSPI에게 중요한 가이드라인을 제시한 것은 분명하다. 지역 교육청별로 채택될 교육과정 개발과 교사의 전문성 개발을 위한 대규모의 계획이 진행되고 있으며, 최종적으로는 워싱턴주 수학 규준을 개정할 것이다.

## 워싱턴주의 수학 규준

「Washington Learns」보고서에 채택된 제안들을 실행에 옮기기 위해서는 수학 규준을 개선하고 개정할 필요가 있다. '워싱턴주 수학 규준 : 고찰 및 제안Washington State Mathematics Standards : Review and Recommendations'이라고 명명된 초안(Plattner, 2007)에서, 플레트너Plattner는 "개정의 핵심은 워싱턴주의 수학 규준을 강화시키는 것이다. 수학이 고등교육과 좋은 직업에 진입하기 위한 중요한 관문인데, 워싱턴주에는 그 관문을 통과할 수 있는 학생들이 그리 많지 않다."라고 지적하였다. 그러나 그녀는 다음과 같이 긍정적으로도 평가하였다. "워싱턴주는 올바른 방향으로 움직이고 있다. 주에서 실시하는 수학 시험을 통과하는 학생들의 수가 증가하고 있다. 2007년 6월에 실시된 WASL을 치른 학생들 중 약 61%가 통과하였다."(p.2－3) 전문가들은 워싱턴주의 수학 규준을 캘리포니아, 매사추세츠, 인디애나주의 수학 규준, 싱가포르 교육과정, 핀란드의 수학 규준, NCTM의 교육과정, NAEP, American Diploma Project, 워싱턴주 대학능력 수학검사 등과 비교한 다음, 아래와 같은 권고안을 제시하였다(Plattner, 2007).

① 수학 내용을 보강하고 수학의 엄밀성을 강화함으로써 학생들의 성취 수준을 높인다.

② 각 학년별 수준에서 장기간에 걸쳐 가르쳐야 할 수학 주제들을 선정한다.

③ 수학 내용 자체와 표준 알고리듬을 강조한다.

④ 수학 내용의 학년별 계열성을 명확히 하고 수학의 개념적 측면과

절차적 측면이 모두 반영된 워싱턴주 학습 규준을 작성한다.

⑤ 학년별 기대수준을 구체적으로 명료화하고, 측정 가능하게 한다.

⑥ 누구나 쉽게 사용할 수 있도록 규준 보고서를 작성한다.

⑦ OSPI의 규준 개정 팀에 수학자, 교육과정 전문가, 교사를 포함시킨다.

이상의 권고안은 전통주의자들과 구성주의자들 모두가 수긍할 수 있는 것이다. 수학 내용을 강화한 것은 문제해결 기능을 가르치기 위한 것으로써 문제해결에 더 많은 연습과 훈련해야 한다는 것을 의미하며, 표준적인 알고리듬에 대한 강조는 전통주의자들의 주문이기도 하다. 그러나 수학 규준을 작성하는 데 있어서 교사들은 교육 행정가, 평가 전문가, 수학교육 전문가, 교육과정 전문가들로 구성된 개발팀에서 큰 목소리를 내지 못하고 있다. 즉, 교사의 역할은 매우 작을 뿐만 아니라, 훌륭한 수학교사에게 요구되는 특별한 지식에 대한 관심 또한 적다.

2007년 2월에 워싱턴주지사와 공립학교교육감은 고등학교 졸업 자격 요건으로 10학년 WASL 규준 통과를 요구하기보다는 현행 수학 규준을 유지할 것을 제안하였다. 공립학교교육감의 말을 인용한 보도에 의하면, “고등학교 2학년 말에 WASL 규준을 통과하지 못한 학생들은 졸업할 때까지 또는 시험을 통과할 때까지 고급 수학 과목을 계속 수강하면 고등학교 졸업 자격을 얻을 수 있다.” 개혁론자들은 WASL 규준은 모든 학생들이 쉽게 통과할 수 있는 기준이라고 즉각 반발하였다. “학생들이 대학에 진학하거나 직업을 갖기 위해서는 대수학 II와 같은 높은 수준의 과목을 공부해야 한다. … 이와 동시에 졸업 자격 요건을 높은 수준으로 개선해야 한다. … 현재 학생들이 세분화되지 않은 수학을 2년간이나 수강하는 주는 워싱턴

주뿐이다."(Partnership for Learning, 2007)

졸업 자격 요건으로 WASL을 사용하지 말아야 한다는 주장에 따라, 2007년에 워싱턴주지사는 고등학교 졸업 자격 요건으로 수학·과학 규준을 통과해야만 한다는 법안을 2013년까지 연장하는 데 서명하였다. 학생들은 WASL의 규준을 통과하거나 '그에 상응하는 다른 평가'를 통과해야 하며, 이 규준을 통과하지 못한 학생들은 더 많은 수학 과목을 이수해야 한다. 수지사는 다음과 같이 설명하였다. "우리는 수학·과학 교육을 개선해야 하지만, 교육 시스템이 실패했을 때 학생들을 불리하게 만들 수는 없다."(Office of the Governer, 2008)

수학교육에 대한 워싱턴주의 이러한 시도는 평가, 교육과정 및 교과서의 선택, 교사의 전문성 개발, 실제 수학수업과 관련하여 전반적인 변화를 가져왔다. 워싱턴주의 현행 수학 교육과정 및 프로그램은 지역별로 분권화되어 있다. 각 학교 및 교육청에서는 서로 다른 교육과정과 교과서를 선택하여 사용한다. 결국, 한 학교(또는 교육청)에서 다른 학교(또는 교육청)로 전학하는 학생들은 완전히 다른 교육과정과 교과서를 접하게 되며, 심지어는 학습 방법까지도 다를 수 있다. 2008년 여름, OSPI는 새로운 규준을 도입하였다. 이러한 조치로 인하여 교육과정을 통합할 수 있겠지만, 교사들이 수학교육을 개선하는 데 필요한 특별한 지식을 갖추는 데 도움이 될 것인가? 탁월한 수학적 지식, 교육과정 개발, 학생들과의 의사소통 방법을 개선할 수 있는 전반적인 교육 프로그램이 제공되지 않는 한, 예비교사 교육을 위한 계획은 계속해서 표류할 수밖에 없을 것이다.

## 워싱턴주 학교연구센터의 연구결과

시애틀퍼시픽대학교Seattle Pacific University에 위치하고 있는 워싱턴주 학교연구센터WSRC는 지난 수년 동안 워싱턴주의 학업성취도 평가를 수행해왔다. WSRC 또한 워싱턴주의 현재 수학교육 현황을 파악하기 위하여 다른 주와 비교하는 연구도 수행하였다. WSRC가 특히 수학교육에 관심을 갖고 연구하면서, 연구자들은 수학전쟁에서 개혁-기반(또는 구성주의적) 입장과 전통주의적 입장을 비교·검토하였다. 이 책의 이전 장들에서는 두 입장의 절충안으로 프로이덴탈 연구소Freudenthal Institute에서 제안했던 수학교육 방법을 소개하였는데, 이것이 바로 WSRC 연구자들의 입장이다. 특히, 이 접근 방법은 전통주의적 입장과 구성주의적 입장을 통합한 수학교육을 지향하고 있으며, 실제로 NRC에서도 지지했던 방법이다.

WSRC 연구진들은 수학교육과 관련한 논의에서 몇 가지 결론에 도달하였다. 첫째, 낮은 경제적 수준이 민족이나 인종과 같은 다른 요인들보다 학업성취도에 더 많은 영향을 미친다. 둘째, 학업성취도는 가정에서의 학습 시간, 학생들이 참여하는 활동의 수와 정적 상관관계가 있으나, TV 시청 시간과는 부적 상관관계가 있다. 애버트와 동료들Abbott et al.(2002)에 따르면, 구성주의는 학생들을 수업에 능동적으로 참여하게 하기 때문에 구성주의 교육은 학생들의 수학성취도에 유의미한 영향을 주는 것으로 나타났다. 교수법에 대한 두 번째 연구에서도 구성주의 교수법은 학업성취도를 향상시키는 데 도움이 되는 것으로 나타났다(Abbott and Foust, 2003).

그러나 구성주의 수업이 학업성취도에는 긍정적으로 영향을 주는 것으로 나타났지만, 그러한 수업이 리핑 마Lipping Ma가 생각했던 수학 수업, 즉 기초 수학에 대한 깊은 이해Profound Understanding of Fundamental Mathematics, PUFM, 교육과정에 대한 충실한 이해, 학생들의 요구를 반영한 수학수업이라고 단정하기는 어렵다. 이 연구들에서 사용된 프로토콜에 따르면, 학생들을 문제해결 및 발견과정에 참여시킨 수업 방법으로서, 전통주의적 수업 방법과는 차이가 있었다.

가장 중요한 발견은 기존 교수·학습 시스템하에서 학생들이 4학년에 수학을 이해하지 못하면, 그 이후에 수학을 잘할 가능성이 매우 적다는 것이다. 「The Power of Early Success : A Longitudinal Study of Student Performance on the WASL, 1998－2001」이라는 WSRC 보고서에 따르면, 4학년의 성취도 점수는 10학년의 성취도 점수를 예측하는 결정적 요인이었다. 4학년에서 낮은 점수를 받은 학생이 고등학교 시험에 통과할 가능성은 매우 낮았다. 또한, 학생들의 성별 또는 인종적·민족적 요인 사이에는 유의미한 차이가 없었다. 이 연구의 결론은 다음과 같다. "7학년에서 성적이 우수했던 학생들은 가정에 컴퓨터를 가지고 있고, 학교에서 안정감을 느끼고, 가정에서 학습하는 시간이 많고, TV 시청 시간이 적으며, 장래의 교육에 대한 야심찬 계획을 갖고 있을 가능성이 훨씬 더 높았다."(p.15)

이 연구는 2005년에 되풀이 되었다(Peterson and Abbott, 「The Power of Early Success 1998－2004」). 두 번째 연구에서도 전반적인 연구결과는 첫 번째 연구와 같았으나, 학업성취도에 영향을 주는 몇 가지 요인들이 추가로 발견되었다. 4학년에서 평가 점수가 낮았던 학생들은 10학년 평가에서도 거의 통과하지 못하였다. 수학 과목에서 성공 여부를 예측하는 요인으로 사회·경제적 지위(어머니의 교육 정도)와 가정에서의 학습량이 추가로 포함되었다. 두 연구에서 공통적으로 지적한 점은 저학년에서의 영향력을 충분히 고려하기 위해서는 조기에 적극적인 교육적 개입이 필요하다는 것이다.

몇몇 WSRC 연구 프로젝트들은 수업에 적용된 교수·학습 전략을 분석하기 위하여 Teaching Attributes Observation Protocol(TAOP)과 같은 수업 관찰 프로토콜을 사용하였다. 개혁－지향의 교수·학습 전략을 얼마나 사용했는지를 평가하기 위하여, BERC그룹에서 개발한 TAOP와 STAR 수업 관찰 프로토콜을 적용하였다. 669개의 수업을 관찰한 애버트와 포츠Abott and Fouts(2003)의 연구에 따르면, 개혁－지향의 교수·학습 전략은 전체 수업 시간에서 17%에 불과했다. 그러나 이러한 개혁－지향의 교수·학습 전략이 WASL 점수와 정적 상관관계가 있는 것은 아니었다. 1,400개의 수업을 관찰한 브라운과 포츠Brown and Fouts(2003)의 연구에서는 12%만이 구성주의 교수법을 적용한 것으로 나타났다. 이후에 수행된 여러 BERC 연구에서도 유사한 결과가 나타났다(예를 들어, Baker, Gratama and Bachtler, 2003).

## 워싱턴주의 수학성취도

현재 워싱턴주의 수학성취도는 대부분의 다른 주들과 유사하다. 국가학업성취도평가NAEP에서 몇몇 주들은 워싱턴주보다 더 높게 나타났으며, 워싱턴 D.C를 포함하여 몇몇 주는 워싱턴주보다 낮게 나타났다. 워싱턴주는 전통주의사와 구성주의자들 사이에서 벌어진 수학전쟁에 다른 주들보다 늦게 참여하였으며, 수학수업을 개선하는 데 더 많은 시간을 주기 위하여 졸업 자격 제도의 시행을 2008년에서 2013년으로 유예하였다.

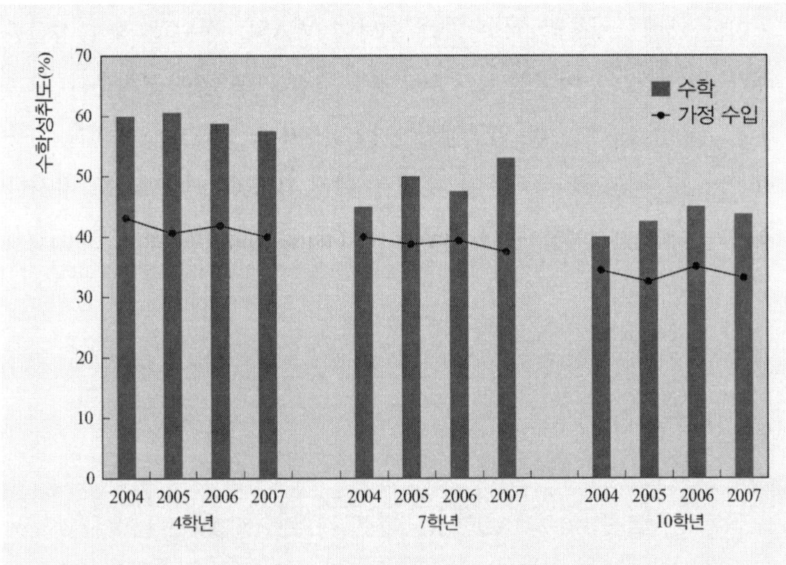


[그림 1] 2004-2007 수학성취도 및 가정 수입

[그림 1][12]에 제시한 바와 같이, 2004년부터 2007년까지 워싱턴주의 수학성취도는 상당히 안정적이다. 2006년과 2007년에 4학년의 점수가 약간 떨어졌으나, 2004년부터 2007년까지 7학년과 10학년의 점수는 약간 개선되거나 안정되어 있다(통계적으로는 유의미한 변화는 아님). 다만, 여기서 주목할 점은 4학년부터 10학년으로 갈수록 수학 점수가 하락하고 있다는 것이다.

12) 이 그래프는 워싱턴주의 모든 학교를 대상으로 하여 WASL 수학성취도 평가를 통과한 학생들의 비율(%)과 가정 수입을 나타내는 지표로서 무상 또는 할인 점심을 제공받는 학생의 비율(%)을 나타낸 것이다.(출처 : OSPI 웹사이트, http : //www.k12.wa.us/)

## 워싱턴주와 다른 주들과의 비교

워싱턴주의 교육과정과 고등학교 졸업 자격 요건은 또 다른 관점에서 검토될 수 있다. 즉, 워싱턴주의 고등학교 졸업 자격 요건 중 수학 교과에서 어떤 과목을 필수로 지정했는지를 다른 주와 비교할 필요가 있다. 이렇게 비교한 자료가 학생들의 기본적인 수학 능력을 이해하는 데는 의미가 없을 수도 있겠지만, 워싱턴주의 높은 학업성취도 수준에 비하여 낮은 수학성취도를 이해하는 데는 도움이 될 것이다.

워싱턴주는 고등학교 졸업 자격 요건을 부과하는 42개 주 중 하나이다. 고등학교 졸업 자격 요건으로 20개 주에서 대수학 I을 필수 과목으로 지정하였지만 워싱턴주는 필수 과목으로 지정하지 않았으며, 기하학을 필수 과목으로 지정한 13개 주 중 하나이며, 대수학 II를 필수 과목으로 지정한 4개 주 중 하나이다. 많은 사람들이 8학년 말까지 대수학을 이수해야 한다고 주장한다. 2005년의 경우, 8학년에 대수학을 이수한 학생의 비율이 미국 전체에서는 41%였으나 워싱턴주에서는 33%였다. 그러나 특정 학년에서 대수학을 이수해야 한다는 주장은 고등학교 졸업 때까지 또는 대학교 1학년에서 미적분학을 이수해야 한다는 주장과 일맥상통한다. 그러나 이러한 주장은 학생들이 통계학이나 응용수학을 배움으로써 더 많은 것을 얻을 수 있고, 미적분학은 대학교에서 배우는 것이 더 효과적이라는 유럽과 미국의 많은 전문가들의 주장과 상반된다. 대학 입시와 관련하여 워싱턴주 학생들의 성적 증명서를 면밀히 검토한 결과를 보면, 대학입시 준비에 필요한 모든 과목을 이수하지 않은 학생들은 수학 과목이나 외국어 과목을 이수하지 않는 경향이 많았다(Stroh, et al., 2007).

## 개혁적 노력에서 핵심적 요소

1993년에 워싱턴주 개혁론자들은 수학이라는 의자를 지탱하고 있는 다리 세 개를 근본적으로 변화시키는 노력에 착수하였다. 이 세 개의 다리는 교육과정(무엇을 가르칠 것인가?), 수업 방법(어떻게 가르칠 것인가?), 평가 방법(성취도를 어떻게 측정할 것인가?)이다. 미국의 다른 주들과 달리, 워싱턴주의 개혁론자들은 새로운 수학 규준에 대하여 전반적으로 합의하였으며, 각 지역 교육청에서도 10년에 걸쳐서 새로운 수학 규준에 맞게 교과서를 구입하고 교육과정을 조정하였다. 교육과정과 수업 방법은 교육 시스템에서 '투입'에 해당하고 워싱턴주 학업성취도 평가WASL는 '산출물'을 측정하는 역할을 한다. 워싱턴주에서도 과거 15년에 걸쳐서 새로운 교육 과정과 평가 방법을 적용하였지만, 교육과정이나 수업 방법이 학생들의 학습에 도움이 되도록 변화되었는지에 대한 증거는 없다. [그림 2]와 같이, 교육과정과 평가 사이에는 화살표가 있으나, 수업과 평가(산출물) 사이에는 화살표가 없다. 기본적으로 HB 1209가 통과된 이후 수업 방법에 변화가 있을 것으로 기대되었다. 이것은 앞에서 살펴본

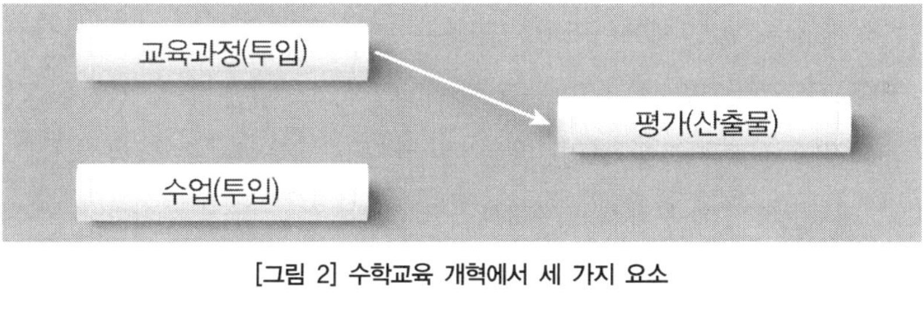


[그림 2] 수학교육 개혁에서 세 가지 요소

이차적 변화와 관련된 것이다. 그러나 정확하게 말해서 수학 교수·학습 방법은 본질적으로 변하지 않았다.

수학교육 개혁을 위해서는 규준(교육과정), 측정(평가), 교수법(교수·학습)이 변해야 한다. [그림 2]와 같은 교육 시스템에서 사람들은 주로 산출물에 관심을 갖는다. 그러나 지난 10년 동안 교육과정과 평가에 있어서 우리는 무엇을 기대했던 것인가? 두 가지 중요한 투입 중 수업을 고려하지 않고서도 우리는 기대했던 것보다 더 많은 것들을 얻어냈다고 주장할 수도 있을 것이다. 교육 전문가들은 지난 15년 동안 새로운 규준에 맞게 새로운 교육과정을 개발하였고, 수행 평가와 같은 새로운 평가 방법을 도입하였지만, 가르치는 방법은 항상 같은 방식이었다. 다시 말해서, 수학교육의 개혁적 노력은 어떻게 가르칠 것인가에 대한 것보다는 무엇을 가르칠 것인가에 주로 초점을 두었다.

예를 들어, BERC그룹, 포츠와 동료들Fouts and Associates의 연구에서 제시한 바와 같이, 2001년부터 2007년까지 수집된 자료를 보면 수업 방법에는 큰 변화가 없었다. 포츠와 동료들의 첫 번째 연구와 2007년 BERC의 연구결과를 비교해 보면, 2001－2007의 연구결과는 일관성 있게 나타났다. 2003년에 포츠와 동료들은 워싱턴주 전체에서 수집한 669개의 수업을 TAOP를 이용하여 분석하였다. 그 이후에, BERC 그룹은 10,000개 이상의 수업을 STAR 프로토콜로 분석하였다. 2007년에 BERC 그룹은 1180개의 수업을 관찰·분석하였다. BERC 그룹, 포츠와 동료들은 전반적으로 같은 측정 기준을 적용하였다. [그림 3]을 보면, 다음 두 가지 사실을 알 수 있다.

① 대부분의 수업은 대체로 개혁적 노력 및 목표에 '약간' 부합하였다.

② 수년간에 걸친 두 연구의 결과에는 큰 차이가 없었다.

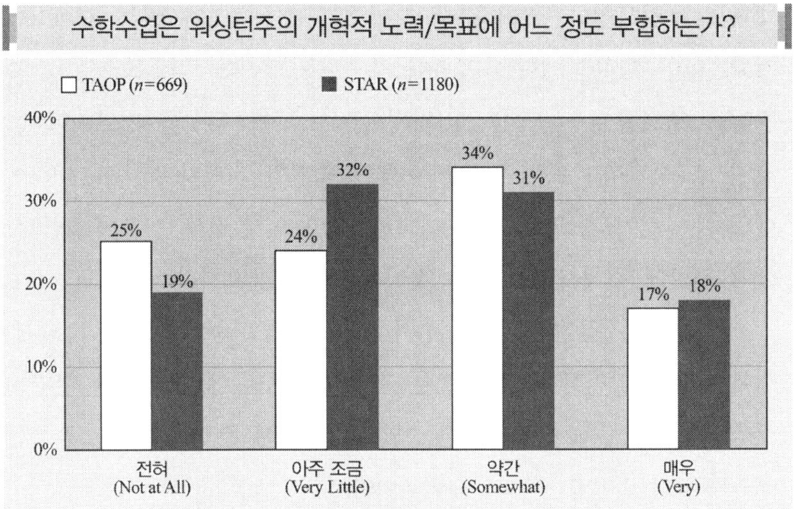


[그림 3] 2003(TAOP)와 2007(STAR)의 수업 관찰 결과

교육 시스템에 투입된 두 가지 요소 중 한 가지가 어떻게 간과될 수 있을까? 교사들이 주어진 지시 사항을 충실히 이행했다면 그렇게 되지는 않았을 것이라고 생각할 수도 있을 것이다. 그러나 이것은 근시안적인 생각이다. 새로운 교육과정과 규준을 개발하고 조정하는 데 투자했던 것만큼 교사의 교수·학습 방법에 투자해야 할 필요가 있다. 그렇다고 해서 결코 교사를 비난하는 것은 아니다. 수업 방법을 바꾸는 것은 매우 어렵고 복잡한 일이다. 이 책에서 반복적으로 주장했듯이, 그것이 완전히 성공하기 위해서는 교육 시스템 전반에 걸친 노력이 있어야 한다.

교육 개혁의 세 가지 요소(교육과정, 수업 방법, 평가)는 학업성취도 향상을 목표로 삼아야 한다. 워싱턴주의 학교와 지역 교육청은 수업 방법과 관련된 문제를 해결하려는 노력을 하지 않은 채 교육 개혁을 추진하였다. 그러나 수업 방법을 개선하고자 하는 체계적인 정책 없이 추진된 개혁은 성공할 수 없을 것이다. 일반적으로, 수학 전쟁을 평화롭게 종식시키기 위해서는 교사가 무엇을 가르쳐야 할 것인가(교육과정), 또는 무엇을 어떻게 평가할 것인가(평가)에 대하여 합의하는 것이 중요한 것이 아니라, 개혁을 추진하기 전에 개혁적 노력 전반에 걸쳐서 합의하는 것이 더욱 더 중요하다.

1993년에 시작된 수학 규준의 변화는 공교육에서 모든 것들을 변화시켰다. 이러한 개혁은 모든 학생들이 규준에 도달해야 한다는 것을 목표로 하고 있다. 또한 이를 위해서는 분명한 규준, 적절한 교육과정, 합리적인 평가가 수반되어야 한다. 그러나 이것들보다 더욱 중요한 것은 모든 학생들을 학습에 참여할 수 있게 하는 교수·학습 방법이다.

학생들을 서열화하는 수업(1880년부터 1980년대까지 1세기 동안 시행되어 왔던)과 모든 학생들이 학습할 수 있도록 도와주는 수업은 엄청난 차이가 있다. 개혁 이전의 수업은 교사 중심, 상대평가, 교육과정에 순응하는 수업으로 볼 수 있다. 개혁 이후의 수업은 학생 중심, 절대평가, 탐구학습, 교육과정을 탄력적으로 조정하는 수업으로 볼 수 있다. 그러나 슈모커Schmoker(2006, p.8)는 이러한 '개혁적 수업을 멍청한 수업'이라고 신랄하게 비판하였다.

## 수학교육 개혁은 왜 성공하지 못하였는가?

지난 몇 년에 걸쳐서, 미국은 각 주별로 새로운 규준을 만들고 새로운 평가 방법을 개발하는 노력을 해왔다. 규준과 교육과정 개정에 대한 이러한 계속된 노력이 바람직한 결과를 가져올 수도 있겠지만, 수학교육 개혁이 갖고 있는 심각한 문제점이 될 수도 있다. 수학교육 개혁을 위한 전반적인 노력에 있어서 단지 규준, 교육과정, 평가에만 문제가 있다고 생각한다면, 효과적인 수학수업 방법에 대한 관심은 적어질 수밖에 없을 것이다.

수학교육 개혁을 좀 더 발전적으로 진행하기 위해서는 정책 입안자와 교육 행정가들이 실제 교실에서 일어나고 있는 것들에 대해서 더 많이 알아야 한다. 이러한 지식을 바탕으로 했을 때, 스티글러Stigler, 히버트Hiebert, 볼Ball, 마Ma와 같은 여러 연구자들이 주장한 바와 같이, 지식과 기능을 갖춘 수학수업 전문가를 양성할 수 있는 교사 교육 및 예비교사 교육 체계를 마련할 수 있을 것이다. 교사의 적극적인 도움을 통한 지속적 학습 시스템이 개발되지 않는다면, 다른 주들과 비교했을 때 워싱턴주의 수학성취도는 별로 개선되지 않을 것이다. 또한 학생들은 교육적 기회 및 성취도에서 불평등을 경험할 것이다. 즉, 어떤 학생들은 처음부터 불리한 입장에서 시작하는 반면에서, 어떤 학생들은 처음부터 유리한 입장에서 시작하여 고도의 기술을 요하는 직업에 종사한다.

## 수학교육 개혁에서 배제된 수학교사들

워싱턴주의 교육 지도자들은 현재 진행되고 있는 수학 규준과 평가의 개정을 계속해서 추진할 것이며, 새로운 규준을 채택하고 새로운 평가 방법을 도입할 것이다. 현재 진행되고 있는 개혁적 노력은 지난 15년 동안의 노력을 능가할 것이다.

다음 15년을 위한 수학교육 개혁을 다시 시작하기 전에, 지금까지 해왔던 '개혁적 조치의 충실성'을 검증할 필요가 있다. 구체적인 개혁적 조치가 성공했는지 또는 실패했는지를 판단하기 전에, 그것이 충분히 실행되었는지를 판단하는 것이 중요하다.

수학교육 개혁에 있어서, 무엇을 가르칠 것인가에 대한 것보다 어떻게 가르칠 것인가에 초점을 두는 것이 훨씬 생산적이다. 현재의 개혁은 그런 방향으로 진행되고 있지만, 과거에는 규준과 교육과정에 초점을 두고 진행되었다. 이제는 교육과정과 수업이라는 두 가지 투입 요소를 모두 확인하고 점검할 필요가 있다. 워싱턴주의 1993년 수학교육 개혁은 실패하지 않았지만 완성된 것도 아니다. 수학교육 개혁을 추진하는 사람들은 다음과 같은 충고에 귀 기울여야 할 것이다. "여러 가지 요소들을 고려해야 하는 상황에서 이제는 수업이라는 투입 요소를 버리지 말아야 한다."

제4장

# 결론 및 시사점

이 책의 서론에서, 우리는 수학교육과 수학성취도에 영향을 미치는 네 가지 '핵심 관점'을 언급하였다. 그것을 다시 요약하면 다음과 같다.

1. 교사들이 수학을 보다 효과적으로, 그리고 새로운 규준에 맞게 가르치는 데 필요한 지원책이 마련되지 않았기 때문에, 개혁적 노력은 성공하지 못하였다.
2. 교육 개혁을 효과적으로 완수하기 위해서는 규준, 평가, 수업 사이에 조화가 필요하다. 최근에 시도된 개혁적 노력은 새로운 규준과 평가 방법의 도입에 주로 초점을 두고 있는 것이지, 수업 자체에는 별로 관심이 없었다.
3. 질적으로 우수한 교육과정이 필요하지만, 교육과정 자체만으로는 훌륭한 수학 프로그램이 될 수 없다. 교사의 수학 내용학적 지식과 교수법적 지식 모두가 필수적이다.
4. 교사들이 자신의 수업 활동을 개선하고, 교육 기관에서는 교사들이 수학 교수·학습 연구에 참여할 있도록 지원할 때, 비로소 체계적이고 유의미한 개혁이 가능하다.

이러한 네 가지 핵심 관점은, 수학교육을 유의미하게 변화시키기 위해서는 교육 시스템 전반을 고려해야 한다는 가정에 바탕을 두고 있다. 지역 교육청과 교육 행정가들은 바람직한 결과를 이끌어낼 수 있는 확실한 전략을 찾아냈지만, 그 전략을 실제로 수행할 사람들을 배제하거나 이해시키지 못한 채 추진하는 경우가 있다. 새로운 전략이 이렇게 추진된다면, 바람직한 결과를 이끌어내지 못할 가능성이 높다. 즉, 어떤 정책이 구체적으로 실행되기 위해서는 실제로 그 일을 담당할 사람들을 충분히 이해시켜야 한다.

워싱턴주 학교연구센터WSRC에서 발간한 『10년 동안의 개혁A Decade of Reform』에서, 포츠Fouts는 교육 개혁에 있어서 일차적 변화와 이차적 변화에 대하여 설명하였다(Fouts, 2003). 포츠는 다음과 같이 지적하였다.

"변화를 위하여 시도된 전략들은 학생들에게 있어서 질적으로 다른 경험을 유발하지 못하기 때문에 성공하지 못하였다. 왜 그렇게 변화되어야 하는지에 대한 이유는 무시한 채, 개혁적 전략의 주된 관심과 초점이 구조적, 물리적, 또는 행정적 변화와 같은 외적인 측면에 치중하고 있다."(p.12)

일차적 변화는 변화를 일으킬 수 있는 수단이지 결과가 아니다. 학교에서 교사가 새로운 교육과정을 활용하여 더 잘 가르치는 것(이차적 변화)에 초점을 두지 않는다면, 새로운 교육과정을 도입하는 것(일차적 변화) 만으로는 수업을 개선할 수 없을 것이다.

# 결론

우리는 수학전쟁에서 어느 한쪽 입장에 치우침 없이 열린 마음으로 수학교육과 관련된 전 세계적인 논쟁을 조사·연구하였다. 이를 바탕으로 앞에서 제시한 네 가지 핵심 관점을 넘어서 또 다른 몇 가지 시사점을 제시하고자 한다. 학교교육 체제에서 이러한 논쟁이 반복되지 않는 것은 다행이라고 할 수 있다. 왜냐하면 학교 내에서 양극화하지 않아도 되는 이슈를 양극화하게 되면, 교사들이 수학적 지식과 수학교수법적 지식을 향상시킬 수 있도록 효과적인 시스템을 마련하는데 집중할 수 없기 때문이다.

우리는 수학에 대한 논의가 국제적으로, 미국 내에서 그리고 워싱턴주에서 서로 매우 유사함을 확인하였다. 수학교육의 실패에 대한 우려들 중 대부분은 학교 간의 비교에 기초하고 있다. 그러나 이러한 비교는 수준이 서로 다른 학교 예를 들어, 수학·과학 영재학교와 일반 고등학교를 대상으로 하고 있다. 국가학업성취도평가NAEP와 같이 통계적으로 유의미한 자료를 분석해 보면, 워싱턴주는 다른 주들보다 그렇게 나쁘지 않다. 그 당시 NCTM에서 추구한 최고의 교육적 가치는 평등성이었다. 그러나 학생들이 무엇을 배워야 하는지에 대해서는 합의가 없었던 것 같다. 예를 들어, 기술 기반 경제사회에서 가장 중요한 수학은 어떤 것이어야 하는지에 대해서 국제적으로 논의된 것이 거의 없었으며, 미적분을 약화시키고 통계학과 응용수학을 강화할 것인지에 대해서도 미국과 유럽의 교육과정 개발자들 사이에는 아무런 합의가 없었다.

미국 내에서도 구성주의(개혁－기반 수학)와 전통주의 사이에 많은 논쟁이 있었다. 이 두 가지 모델 중 어느 하나를 선택할 필요는 없다. 네덜란드의 현실적 수학교육REM과 같이 두 가지 모델을 결합하는 것도 가능하기 때문이다. 실제로, 여러 구성주의자들과 전통주의자들은 상대 모델에서 강점을 취하는 경우가 있다. 가령, 구성주의자들은 기초 기능과 알고리듬을 가르칠 것을 주장하고, 전통주의자들은 수학적 탐구를 강조한다.

앞에서 우리는 수학교육을 개선하는 데 핵심적인 이슈는 교육과정이나 규준과 관련된 것이 아님을 지적하였다. 많은 초등학교 교사들이 수학을 잘 알지 못하기 때문에, 수학을 잘 가르치지 못하는 것은 아니다. 교육과정이 창의적이고 탐구적일수록, 교사는 수학을 더 잘 알아야 한다. 세계적으로 가장 효과적인 수학 교육과정이라고 볼 수 있는 일본의 교육과정은 전통주의적 관점과 구성주의적 관점이 결합되어 있으며, 교사들은 많은 시간을 들여서 수업에 관하여 서로 협력하고 수업을 개선하기 위한 방법에 대하여 논의한다. 실제로, 훌륭한 수학수업을 하기 위해서는 수학을 잘 알고, 수학교수법에 대해서 끊임없이 연구하고, 학생들과 능숙하게 의사소통할 수 있는 교사의 능력이 요구된다. 또한, 이러한 능력을 개발하기 위해서는 교사들이 협력적으로 활동해야 할 필요가 있다.

이러한 연구결과를 통하여 어떤 결론을 이끌어 낼 수 있을까? 우리는 네 가지 결론을 제시하고자 한다.

1. 수학은 역동적인 교과이며, 테크놀로지의 등장으로 수학의 응용분야 역시 역동적이다. 최근 컴퓨터 사이언스, 의료 영상 시스템 등의 분야에서 사용되고 있는 수학은 1950년 산업 사회에서 사용된 수학과는

많은 차이가 있다. 과학기술 분야의 전문가들에게 21세기 수학 교육과정에 포함되어야 할 수학 영역과 주제들을 검토해 보게 하면 매우 흥미로울 것이다.

2. 학생들이 수학을 어떻게 학습하는지에 대한 심도 있는 추가 연구가 필요하다. 수석 교사의 훌륭한 수업을 상세하게 분석하여 기록하고, 그것을 교사 연수 자료로 활용하면 좋을 것이다. 예를 들어, 워싱턴주에서는 빈민 가정의 학생들이 많이 다니는 학교들이 있다. 그런데 이들 학교의 학생들이 워싱턴주 성취도 평가에서 탁월하게 높은 점수를 받는 경우가 있다. 이렇게 점수가 높은 원인은 교사 때문인가? 또는 정규 교육 때문인가? 수학 주제에 대하여 학생들이 이야기하고 설명하는 방식이 다르기 때문인가? 교사들이 함께 협력하여 수업 방법을 연구했기 때문인가?
3. 교육 정책적인 측면에서, 주에서는 교사들의 교육적 요구에 대하여 적극 지원해야 한다. 수학 규준과 평가 기준을 강화하는 것만으로는 충분하지 않다. 실제적이고 지속적인 수학교육을 개선하기 위해서는 교사들이 효과적인 수학수업을 할 수 있도록 적절하게 세심한 지원책이 마련되어야 한다.
4. 교사들이 효과적으로 그리고 적절하게 수업을 진행하는 데 도움을 주기 위해서는 재정적 지원이 필요하다. 수학교사들은 수학이나 수학교수법을 더 공부하는 연수 프로그램에 참여하고, 수학수업을 개선에 대하여 논의할 수 있는 정기적인 교사 모임에 참여할 수 있어야 한다. 수학교육을 개선하기 위해서는 여러 모델들이 제시될 수 있겠지만, 외부 전문가들이 급하게 추진하는 응급조치는 지속적인 연구와 자기 개발에 참여하고 있는 사람들에 의해서 추진되는 것보다 효과적이지 못하다. 몇몇 학자들이 주장하였듯이, 수업 개선을 위한 교

사들의 모임에 K－20학년까지의 교사 및 교수뿐만 아니라, 다른 교육과정을 채택하고 있는 학교의 교사들 또는 문화적으로 유사한 다른 주의 교사들을 포함시키면 더 효과적이다.

위 1～3의 핵심적인 요소는 교사들이 수학을 효과적으로 가르치는 데 필요한 지원책이다. 주 정부 수준을 넘어서 지역 교육청과 단위 학교 수준에서 이러한 지원책이 마련되어야 한다. 즉, 각 학교에서 어떤 교육과정을 채택할 것인지, 어떤 영역의 수학에 초점을 둘 것인지, 교사들에게 재정 및 시간상으로 얼마나 지원할 것이지를 결정해야 한다. 교사의 전문성 개발은 수학 교수·학습 방법을 개선하는 데 초점을 두고 진행되어야 하며, 수업을 개선하기 위하여 교사들이 서로 협력할 수 있는 시간이 확보되어야 하며, 특히 경험이 부족한 교사나 오랜 기간 동안 몸에 밴 수업 방법을 개선하려고 하는 교사들에게는 동료의 수업을 관찰하고 모니터링 할 수 있는 기회가 제공되어야 한다. 지역 교육청이나 학교 당국에서 이루어지는 이러한 지원책은 수학 교수·학습 방법을 개선하는 데 초점을 두어야 하며, 이를 위해서는 어떻게 하면 학생들이 수학을 잘 학습할 수 있을 것인지에 대해서 세심한 관심과 연구가 필요하다.

이상을 간략히 요약하면 다음과 같다. 즉, 모든 학생들이 수학을 학습하기를 바란다면, 교사들 자신이 수학을 더 심도 있게 알아야 하며, 제도적으로도 교사들이 그렇게 하게 하는 지원책을 마련되어야 한다.

## 대규모의 개혁

오랫동안 토론토대학교University of Toronto의 온타리오 교육연구소Ontario Institute for Studies in Education 소장을 지냈고 현재 이 대학교의 명예교수인 마이클 풀런Michael Fullan은 교육 개혁 분야에서 세계적인 연구자일 것이다. 풀론은 교육 개혁에 대한 연구를 바탕으로 『Change Forces : Probing the Depths of Educational Reform (Fullan, 1993)』이라는 책을 출간하였다. 풀런 교수는 교육 개혁에서 두 가지 중요한 요소 즉, '재구조화가 아닌 재문화화Reculture, not Restructure와 도덕적 목적Moral Purpose'을 제시하였다. 이것은 우리 연구진의 결론과 관련이 있다. 우리의 관점에서 보면, 학교와 학교교육을 재구조화하려는 노력은 일차적 변화로서, 학생들의 수업 참여와 학업성취도를 크게 개선하지 못한다. '재문화화'는 개인적 수준에서 일어나는 이차적 변화로서 수학학습의 개선을 이끌어내는 것을 말한다. 수학수업에서 중요한 역할을 하는 교육의 '도덕적 목적'과 관련된 문제는 두 가지 측면, 즉 높은 수준의 규준과 학생의 성적에 대한 학교의 책무성만을 강조하기 때문에 발생한다. 풀런은 다음과 같이 말하였다.

"과거 20년에 걸친 폐해 중 하나는 학습에 대한 내재적 동기부여 또는 도덕적 목적에 문제가 있었다."(p.11)

보다 효과적인 수업을 위한 교사의 수업 전문성에 대한 지원은 하지 않은 채, 시험 점수를 높이라는 지속적이고 강도 높은 압박으로 인하여, 많은 교육자들이 교육 당국의 모든 지시사항을 따르려고 엄청난 노력을 해왔으며 그로 인해 교사로서의 직업에 대하여 만족감을 느끼지 못하게 되었다.

풀런은 「The New Meaning of Educational Change : Third Edition (Fullan, 2001)」에서, 교사의 수업을 변화시키는 데 중요한 요소로서 교육적 변화의 객관적 실재에 대하여 언급하였다. 학교교육을 개선하기 위해서는 적어도 다음과 같은 세 가지 요소가 충족되어야 한다.

① 새롭거나 개정된 자료(교육과정이나 테크놀로지와 같은 수업자료)의 사용
② 새로운 교수법의 사용(즉, 새로운 수업전략이나 수업활동)
③ 새로운 신념, 예를 들어 새로운 정책이나 프로그램의 배경이 되는 교육학적 가정이나 이론(p.39)을 말한다.

풀런에 따르면, 대부분의 교육 개혁이 세 번째 요소인 신념의 중요성을 간과하기 때문에 성공하지 못했다는 것이다. 그는 변화와 변화의 과정에 25/75 법칙을 적용하였다. 즉, 교육적 변화는 25%가 구조적 변화이고 75%는 재문화화 과정이어야 한다. 풀런은 학교 전체의 총체적 개혁과 교사의 전문성 향상을 위한 학습 커뮤니티 활동이 활성화되어야 한다고 주장하였으며, 학교 구성원들의 공통된 관심과 구성원들 간의 협력, 학교장의 리더십을 강조하였다(Fullan, 2008).

구체적으로 다음과 같이 말하였다. "학교교육이 성공하기 위해서는 교장의 역할이 중요하며, 구성원의 개별적 활동보다는 전문성 향상을 위한 공동체의 역할이 더욱 더 중요하다."(p.164)

다음에 제시하는 대규모 개혁의 두 가지 사례를 통하여 몇 가지 교훈을 얻을 수 있을 것이다. 「Education Week(Olson, 2007)」에서 설명한 바와 같이, 캐나다 온타리오주의 교육자들은 학교교육을 개선하기 위하여 압력을 강화하는 동시에 지원책을 보완했던 영국의 교육 정책

을 도입하기로 하였다. 이 전략을 통하여 1997년부터 2000년 사이에 온타리오주 학생들의 학업성취도가 유의미하게 향상되었으나, 이 기간 이후에는 다시 낮아졌다. 온타리오주의 교육 관계자들은 중앙으로부터 일방적으로 지시된 '통보된 처방'은, 교장과 교사들에게 적절하게 동기부여를 하지 못할 것이라고 생각하였다. 온타리오주에서 했던 방식은 지역 교육청에서 유능한 실무진을 차출하여 전반적인 교육 개혁을 담당하게 하고, 교사들에게 학교교육을 개선하기 위한 자료를 제공하며, 업무 이외의 시간에 교사의 전문성을 개발하기 위한 기회를 제공하게 하는 것이었다. "실무진들은 여러 학교들 간의 네트워크를 통하여 그들의 지식과 경험을 공유하였다." 저성취 학교에서는 성취도가 상당히 개선되었으며, 졸업률도 높아졌다. 온타리오주의 교육관계자들은 다음과 같이 말하였다. "우리는 전에는 그렇지 않았지만, 이제는 함께 노를 젓고 있다. 그리고 그것이 실제로 추진력으로 작용하였다."

캘리포니아주에서 진행되었던 수학교육 개혁에 관한 연구는, 수학교육 개혁을 위해서는 강화된 수학 규준과 주 단위의 시험, 학생의 성적에 대한 학교의 책무성이 요구된다는 주장에 기초하고 있다 (Reische, n.d.). 2001년에 미시간대학교University of Michigan의 코헨과 힐Cohen and Hill은 캘리포니아주 공립학교의 수학교육을 개선하기 위한 10년간의 개혁적 노력을 광범위하게 연구하였다(Cohen and Hill, 2001). 이들의 연구결과에 따르면, "효과적인 교육 개혁은 대부분의 정책 입안자들이 소홀히 하는 요건, 즉 수학 교수·학습에 대한 일관성 있는 가이드라인과 수업 전문성 개발을 위한 충분히 기회부여에 초점을 두고 있다. 코헨과 힐은 교사의 전문성 개발을 위한 교육 자료를 면밀히 검토하였고, 캘리포니아주 초등교사 약 600명을 조사하였다.

그 결과, 수학교육을 개선하려는 주의 정책이 성공하기 위해서는 주의 교육 정책을 이해하기 위한 기회의 제공과 더불어, 주 단위의 시험, 교육과정, 수업 사이에 일관성이 있어야 한다는 점을 밝혀냈다. 이러한 요건들이 충족되었을 때, 정책 입안자들이 구상했던 방식으로 수학수업이 진행되었으며, 학생들의 수학성취도도 높아졌다. 코헨과 힐은 개혁의 성공 비결은 정책과 실행의 일관성에 있으며, 졸업 자격 요건을 강화하고 고부담 시험을 시행하는 것만으로는 교육 개혁에 성공할 수 없다고 주장하였다. 교사들은 수학 내용 및 수학수업에 대한 새로운 지식을 습득할 수 있는 기회를 가져야 하며, 그들의 수업 활동에 대한 지원이 있어야 한다.

앞서 언급한 연구자들과 정책 입안자들은 대규모의 개혁을 관찰하고 그에 대하여 여러 가지 권고안을 제안하였다. 그 중 일부는 앞의 장들에서 논의한 것들이다. 교사들이 자신의 수업 능력을 어떻게 개선할 것인지에 대해서는 많은 모델들과 프로그램들이 제안되었다. 이 중에서 특히, '수업 연구lesson study'에 대한 스티글러와 히버트의 제안과 루스 파커Ruth Parker의 Mathematics Education Collaborative (2008)에 주목할 필요가 있다.

## 시사점

지금까지의 수학교육 개혁은 전문성보다는 교육과정과 평가 방법의 개선에 여전히 초점을 두어 왔다. 우리는 개혁 정책들이 성공하기 위해서는 교육과정과 규준의 개정 및 평가 시스템의 개선만으로는 안 되며, 교사의 수학적 지식과 수학교수법적 지식이 확보되어야 한다는 점을 강조하였다. 워싱턴주에서 지난 15년 동안 새로운 교육과정과 평가 시스템을 도입하여 시행했지만, 교육과정의 시행 방법이나 수업 방법에 대해서는 큰 변화를 주지 않았다.

워싱턴주의 수학교육에서 새로운 추세는 수학교육 개혁을 위하여 교사에 대한 지원을 강화하려는 움직임이다. 그러한 추세는 다음과 같다.

① 학생들에게 더 많은 수학수업을 받게 한다.
② 학생들에게 높은 수준의 수학수업을 받게 한다.
③ 더 많은 수학교사를 선발하고 양성한다.
④ 교사들은 K-12학년에 해당하는 수학적 지식을 더 심화시켜야 한다.
⑤ 교사들은 수학을 효과적으로 가르치는 교수법을 개발해야 한다.
⑥ 예비교사와 현직교사의 전문성 개발을 체계적으로 지원해야 한다.

워싱턴주에서는 현재 더 많은 수학을 이수해야만 졸업할 수 있는 새로운 고등학교 졸업 자격 요건을 제안하고 있다. 이전에는 2년 동안만 수학을 배우면 졸업할 수 있었다. 졸업 자격 요건이 3년 또는 4년 동안 수학을 배우는 것으로 강화된다면, 결과적으로 더 많은 학생들이 더 많은 수학 과목을 이수하게 될 것이다. 또한, 더 많은 수학교사들이 필요할 것이며, 다른 과목의 교사의 수요는 줄어들 것이다.

이로 인하여 많은 고등학교에서는 교수·학습을 개선하는 데 초점을 두기보다는 교사의 수요 불균형을 해결하는 데 신경을 쓰고 있다.

새로운 정책에서는 졸업 자격 요건으로 더 많은 수학을 요구하기도 하겠지만, 더 높은 수준의 수학을 요구할 수도 있다. 그렇다면, 더 많은 수학교사가 필요할 뿐만 아니라, 대수학 II나 삼각법을 가르칠 수 있는 더 높은 수준의 수학교사가 필요하다. 또한 수학 내용학적 지식을 갖춘 교사의 중요성이 이전보다 더욱더 커질 것이다. 여러 사람들이 주장하는 대로, 수학학습 기간을 4년으로 늘리면, 대부분의 고등학교는 수학교사를 33~50%까지 증원해야 한다.

현재 부족한 수학교사를 감안하여, 교육 개혁자들은 어떻게 수학교사를 추가로 증원해야 할지에 대해서 고민해야 한다. 새로운 교사들은 어디서 구할 것인가? 현재 사범대학교 재학생뿐만 아니라 상치교사[13]를 활용하는 방법을 생각할 수도 있을 것이다. 이것이 의미하는 바는 교육 개혁자들이 현직교사에 대한 지원뿐만 아니라, 현재 재학 중인 사범대학교 재학생이나 자격증 갖고 있는 상치 교사들에 대한 지원에도 신경을 써야 한다는 것이다. 최악의 경우에는 상치교사가 수학을 가르치는 상황이 발생할 수 있다. 그리고 이들은 10년,

13) (역주) 전공과 다른 과목을 가르치는 교사를 의미한다. 실제로, 미국은 우수한 교원들을 전국의 모든 학교에 고르게 배치하기 위한 정책 추진에 촉각을 세우고 있다. 5년마다 근무 학교를 바꾸는 순환근무제를 도입한 우리나라와는 달리 미국에서는 계약을 통해 학교별로 교사를 채용하는 방식을 택하고 있어 지역별·학교별로 교원의 질이 천차만별이다. 우수한 교사는 연봉이 높은 학교나 부유한 지역의 학교로 몰리게 되고, 재정이 열악한 학교들은 부족한 교사의 수를 5주간의 교직연수 등과 같은 대체 프로그램을 통해 충당하고 있다. 실제로 미주리 주의 가난한 지역이나 낙후된 벽지의 중·고교에서는 본인의 전공분야가 아닌 과목을 가르치는 상치교사의 비율이 약 10.6%로 나타났다. 이는 같은 주 다른 지역보다 약 4% 가량 높은 수치다.

15년, 또는 25년 전에 자신이 배웠던 방식대로 수학을 가르칠 것이다. 사정이 그렇다면, 수학 교수·학습 방법을 개선하려고 했던 노력들은 물거품이 될 것이다.

고등학교 수준만이 아니라 유치원에서 고등학교에 이르기까지 모든 교사들을 지원할 필요가 있다. 개혁의 목적이 더 많은 학생들이 더 많은 수학을 학습하게 하는 것이라면, 초등학교 교사들은 더 높은 학년 또는 더 높은 수준의 수학을 성공적으로 가르칠 수 있도록 충실하게 준비시켜야 할 것이다. 많은 사람들이 초등학교 교사야말로 장래의 수학교육의 성공여부를 결정하는 데 중요한 역할을 한다고 주장한다.

끝으로, 수학성취도를 성공적으로 향상시키는 가장 중요한 요건 중 하나는 교사들이 수업을 개선할 수 있도록 지원해야 한다는 것이다. 즉, 수학교육 개혁의 초점은 교사의 수업 방식을 개선하는 데 두어야 한다. 교사의 수업 관행을 변화시키는 것은 매우 어려운 일이기 때문에, 수업 개선에 대한 지원은 오랜 기간에 걸쳐서 분명하고, 적극적이고, 지속적으로 이루어져야 한다. K－12학년의 모든 교사들이 예비교사 교육과 현직교사 연수를 통하여 수학적 지식을 심화할 수 있도록 적극 지원해야 한다.

교사, 학교, 지역 교육청에 대한 지원은 체계적으로 이루어져야 한다. 규준과 평가 방법을 개정하는 것만으로 교육 개혁이 이루어질 것이라고 생각해서는 안 된다. 교육 개혁의 핵심 사항들이 각 학교와 지역 교육청으로 전파되지 않는다면, 지속적으로 변화를 유발하지 못할 것이다. 포괄적인 교육 개혁이 진행되기 위해서는 주 단위로 개혁을 진행할 수 있는 추진체가 구성되어야 하며 수학 교수·학습 개선에 모든 역량을 집중해야 한다.

마지막 분석에서 언급한 바와 같이, 수학교육의 문제점을 해결하는 근본적인 방법은 일대일로 그리고 소집단으로 교사들을 지원해야 한다는 것이었다. 이런 방식으로 진행된 모범 사례로는 워싱턴주의 수학-과학 파트너십MSP 프로젝트를 들 수 있다. 이 프로젝트에서 교사들은 자신의 수업 방법을 개선하는 데 도움을 얻기 위하여 수업에 대해 연구하는 전문가 집단에 참여한다.

교사들도 이러한 종류의 협력이야말로 수업을 개선하는 데 가장 근본적인 해결책 중 하나라고 생각한다. WSRC(Baker, et al, 2008)이 수행한 최근 연구에 따르면, 수업을 개선하고 주에서 진행하는 교육 개혁에 보조를 맞추는 데 가장 중요한 것은 다른 교사들과 협력하는 것이라고 연구 대상의 75%가 응답하였다. 수학교육 개혁을 진행하는 데 있어서 이러한 핵심적인 요구들을 적극 수용한다면, 과거보다 더 광범위하고, 포괄적이며 체계적인 변화를 이끌어낼 수 있을 것이다.

# Bibliography

Abbott, M., D. Baker, and K. Smith. July 2007. "Lessons on Leadership : A Study of Distributed Leadership in Washington State" (Research Report No.10). Seattle, WA : Washington School Research Center, Seattle Pacific University.

Abbott, M., and J. Fouts. February 2003. "Constructivist Teaching and Student Achievement : The Results of a School-level Classroom Observation Study in Washington" (Technical Report No.5). Seattle, WA : Washington School Research Center, Seattle Pacific University.

Abbott. M. and J. Joireman. July 2001. "The Relationships Among Achievement, Low Income, and Ethnicity Across Six Groups of Washington State Students"(Technical Report No.1). Seattle, WA : Washington School Research Center, Seattle Pacific University. (ERIC Document Reproduction Service No. UD034286)

Abbott, M., J. Joireman, and H. Stroh. November 2002. "The Influence of District Size, School Size and Socioeconomic Status on Student Achievement in Washington : A Replication Study Using Hierarchical Linear Modeling"(Technical Report No.3). Seattle, WA : Washington School Research Center, Seattle Pacific University.

Advisory Committee on Mathematics Education(ACME). 2004. ACME's response to the final report of the 'Tomlinson' working group on 14-19 curriculum qualifications and reform. Retrieved February 15, 2007,
from www.royalsoc.ac.uk/acme/GCSE2_press_release.html.

African Mathematical Union. 1994. AMUCHMA Newsletter 12. Retrieved February 2, 2007, from www.math.buffalo.edu/mad/AMU/amu_chma_12.html

Agarkar, Sudhakar and S. Shirali. 2001. "Depth and Breadth in the Mathematics Curricul um." Retrieved February 16, 2007, from www.mathforum.org/pcmi/int2001report.

Ahuja, Om P. 2006. "World-class High Quality Education for all K-12A American Students." *The Montana Mathematics Enthusiast* 3(2) : 223-248

Alberts, Bruce. 1996. Remarks by Bruce Alberts, President of the National Academy of S ciences and Chair of the National Research Council at the news conference to release the TIMSS. Retrieved February 16, 2007, from www.nationalacademies.org/onpinews/newsitem.aspx

American Federation of Teachers (AFT). "Teaching Quality" Retrieved October 2, 2007, from http : //www.aft.org/topics/teacherquality/

Armstrong, R. L. and D. Bitter.2002. Review of the literature. Retrieved January 24, 2007, from www.ncacasi.org

Atweh, Ben, Helen Forgasz, and Ben Nebres, eds. 2001. *Sociocultural Research On* Mathematic*s Education*. London : Lawrence Erlbaum Publishers.

Auty, William. 1994. Personal communication. Corvallis, OR.

Baker, D., M. Aboott, and L. Pavese. July 2008. "On the Road to Second Order Change" (unpublished study). Seattle, WA : /Washington School Research Center, Seattle Pacific University.

Baker, D. B., C. A. Gratama, and S. D. Bachtler. 2002. *Mathematics Helping Corp : Interim Report*. Olympia, WA : Office of Superintendent of Public Instruction.

___.2003. *Mathematics Helping Corp : Final Report*. Olympia, WA : Office of Superintendent of Public Instruction.

Baker, D., J. Joireman, J. Clay, and M.Abbott. October 2006. "Schedule Matters : The Relationship Between Student Schedules and Performance Outcomes in Washington State High Schools" (Research Report No.9). Seattle, WA : Washington School Research Center, Seattle Pacific University.

Ball, D. L. 1991. "Research on Teaching Mathematics : Making Subject Matter Knowledge Part of the Equation" In J. Brophy, ed., *Advances in Research on Teaching* 2 : 1-48. Greenwich, CT : JAT Press.

___. 2000. "Bridging Practices : Intertwining Content and Pedagogy in Teaching and Learning to Teach" *Journal of Teacher Education* 51 : 241-247.

Ball, D. L., J. Ferrini-Mundy, J. Kilpatick, R. J. Milgram, W. Schmid, and R. Schaar. 2005. "Reaching for Common Ground in K-12 Mathematics Education" American Mathematical Society, Notices of the AMS, October 2005, 52(9) : 1055-1058.

Ball, D. L., M. H. Thames, and G. Phelps. 2007. "Content Knowledge for Teaching : What Makes It Special?" http : //www-personal.umich.edu/~dball/papers/BallThamesPhelps_ContentKnowldgeforTeaching.pdf(accessed June 17, 2007).

BERC Group. Retrieved June 27, 2008, from http : //bercgroup,com/Best Practices In Ed ucation. 2000. Featured projects. Retrieved February 6, 2007, from web.archive.org/web/20010331194946/www.bestpraceduc.org/.

Bjorgqvist, Ole. 2005. "Mathematics Education in Finland-What Makes it Work?" The Mathematics Education into the 21st Century Project, Universiti Teknologi Malaysia, November 25-December 1, 2005.

Blaine, Sue.2005. "Schools to Crank Up the Maths Dial as New Curriculum Takes Over" *Business Day*. www.businessday.co.za.

Blanco, Lorenzo. 2003. "The Mathematical Education of Primary Teachers in Spain" *International Journal for Mathematics Teaching and Learning*. Retrieved February 14, 2007, from www.cimt/plymouth.ac.uk/journal/blanco1.pdf.

Boaler, Jo. 2002. *Experiencing School Mathematics*. Mahwah, NJ : Lawrence Erlbaum Associates.

Braams, Bas. 2002. "Mathematics in the OECD PISA Assessment" Retrieved February 14, 2007, from www.math.nyu.edu/mfdd/braams/links/pisa0207.html/

Briars, Diane J. and Lauren B. Resnick. 2000. "Standards, Assessments and What Else? The Essential Elements of Standards-based School Improvement" Center for the Study of Evaluation Technical Report 528. National Center for Research On Evaluation, Standards, and Student Testing. Graduate School of Education and Information Studies, University of California, Los Angeles.

Brown, C. and Jeffrey T. Fouts. June 2003. "Classroom Instruction in Achievers Grantee High Schools : A Baseline Report, prepared for the Bill & Melinda Gates Foundation, Washington State. Fouts & Associates, LLC. http : //www.spu.edu/orgs/research/Classroom%20Observation%20Report-Achievers%202003.pdf.

Cabrita, Isabel. September 2002. "Mathematics and Technologies : Bridging Diverse Languages" Retrieved September 7, 2007, from http : //www.math.unipa.it/~grim/SiCabrita.PDF.

Caine, R. N. and G. Caine. 1991. *Making Connections : Teaching the Human Brain*. Alexandria, VA : Association for Supervision and Curriculum Development.

Campaign for Popular Education. 2000. "A Question of Quality State of Primary Education in Bangladesh" Retrieved February 2, 2007, from www.campebd.org.

Canadian Mathematics Education Study Group. 2006. Announcement. 30th Annual Meeting, University of Calgary.

Carpenter, Thomas P., Elizabeth Fennema, Megan Loef Franke, Linda Levi, and Susan B. Empson. September 2000. "Cognitively Guided Instruction : A Research-based Teacher Professional Development Program for Elementary School Mathematics." National Center for Improving Student Learning and Achievement in Mathematics and Science (NCISLA). Retrieved October 31, 2007, from http : //www.wcer.wisc.edu/ncisla/publications/reports/rr003.pdf

Carroll, William. May 1998. "An Analysis of Everyday Mathematics in Light of the Third International Mathematics and Science Study" Available from Everyday Learning Corporation. Retrieved June 19, 2008, from http：//www.edvisors.com/Detailed/Products_and_Services/Curriculum/Everyday_Learning_Corporation_30427.html.

Cavanagh, Sean. 2008a. "Panel Calls for Systematic, Basic Approach to Math" Education Week. Retrieved April 22, 2008, from www.edweek.org/ew/articles/2008/03/19/28math_ep.h27.html.

___. 2008b. "Catching Up on Algebra" Education Week. Retrieved May 7, 2008, from www.edweek.org/ew/articles/2008/04/23/34algebra_ep.h27.html.

___. 2008c. "Essential Qualities of Math Teaching Remain Unknown" Education Week. Retrieved April 7, 2008, from www.edweek.org/ew/articles/2008/04/02/31math.ep.h27.html.

Cech, Scott J. 2007. "2nd SAT Dip in Row Stirs Debate on 2005 Revision" Education week, September 5, 2007. http：//www.edweek.org/ew/articles/2007/09/05/02sat.h27.html?qs=september%205%202007%20SAT_scores.

Center for Leadership and Learning Communities. 2005. "Math Coaching in Boston" Retrieved November 1, 2007, from Cllc.edc.org/instructionalcoach05

Center for the Mathematics Education of Latinos/as. (n.d.) Bibliography "Teaching English Language Learners：Research and Practice" CEMELA website.

Center for the Study of Mathematics Curriculum (CSCM). (n.d.). Projects. Retrieved February 15, 2007, from www.dsme.msu.mau.mathed/projects.html.

Center for Teaching Quality (CTQ). "What We Know" Retrieved October 2, 2007, from http：//www.teachingquality.org/whytqmatters/whatweknow.html

Cohen, D. K. and H. Hill, H. 2001. *Learning Policy：When State Education Reform Works*. New Haven, CT：Yale University Press.

Commission on Student Learning. 1994. "High Standards：Essential Learnings for Washington Students" Olympia：WA.

Connected Mathematics Project. n.d. Retrieved June 16, 2008, from http：//connectedmath.msu.edu/.

Corbett, Anne 2005. *Universities and the europe of Knowledge：Ideas, Institutions and Policy Entrepreneurship in European Union Higher Education Policy*, 1955-2005. London：Macmillan Palgrave.

Davidson, David M. 1990. "An Ethnomathematics Approach to Teaching Language Minority Students" In Jon Reyhner, ed. *Effective Language Education Practices and*

*Native Language Survival*, Ch.11. Chocktaw, OK. Native American Language Issues. Retrieved January 29, 2007, from jan.ucc.nau.edu.

Davis, Michelle R. "Parents Less Worried Than Experts Over Math, Science" Education week, September 6, 2007. http : //www,edweek.org/ew/articles/ 2007/09/26/05stempoll.h27.html?qs=September+26,+2007+Parents_less_worried_than_experts.

Ding, Liping. 2004. "Bibliography on Chinese Research in Mathematics Education : Collaborative Group for Research in Mathematics Education" Retrieved February 13, 2007, from www.crme.soton.ac.uk/biblios/chinese_math_ed.html.

Dorji, Rinchen. 2006. "A part-time Master of Education Program for Heads of Schools" Retrieved January 29, 2007, from www.people.stfx.ca/jgreenla/BhutanDescript2.html.

Education Connection of Texas. 1999. "School District Alert for Mathematics Textbook Selection" Retrieved April 26, 2007, from http : //www.nychold.com/.

Education week. 2007. "Teacher Quality" EPE Research Center. Retrieved October 2, 2007, from http : //www.edweek.org/rc/issues/teacher-quality/.

Eigenbrood, R. July 2004. "The Relationship Between SES and the Multilevel Influence of School and District Size on Student Achievement : A Replication of Two Previous Studies" (Technical Report No.7). Seattle, WA : Washington School Research Center, Seattle Pacific University.

Elkind, David. 1981. "Child Development and the Social Science Curriculum of the Elementary School" *Social Education*, October 1981, pp. 435-437.

___. 2001. *The Hurried Child*. Reading, MA : Addison-Wesley.

Ellington, Lucien. 2005. "Japanese Education" Retrieved February 16, 2007, from www.indiana.edu/~japan/diest5.html.

Ellis, Mark W. and Robert Q. Berry III. 2005. "The Paradigm Shift in Mathematics Education : Explanations and Implications of Reforming Conceptions of Tea-ching and Learning." *The Mathematics Educator* 5(1) : 7-17.

English, Lyn D., ed. 2002. *Handbook of International Research in Mathematics Ed-ucation*. Manwah, NJ : Lawrance Erlbaum.

Fagin, Barry. (n.d.). "Reforming K-12 Mathematics Education" www.nychold.com/talk-fagin-040202/pdf.

Fletcher, J. A. 2005. "Constructivism and Mathematics Education in Ghana" *Mathematics Connection*, Vol 5. 2005 : 29-36. Retrieved January 29, 2007, from www.ajol,info.

Fortmann, Thomas, Arthur Eisenkraft, and Hannah Sevian. 2005. "World Class : The Massachusetts Agenda to Meet the International Challenge for Math-and Science-educated Students" Mass Insight Education and Research Institute, June 2005. Fouts, J. April 2002. "The Power of Early Success : A Longitudinal Study of Student Performance on the Washington Assessment of Student Learning, 1998-2001" (Research Report No. 1). Seattle, WA : Washington School Research Center, Seattle Pacific University.

___. April 2003. "A Decade of Reform : A Summary of Research Findings on Classroom, School, and District Effectiveness in Washington State" (Research Report No.3). Sea ttle, WA : Washington School Research Center, Seattle Pacific University. Retrieved June 27, 2008, from http : //spu.edu/orgs/research/ADecadeofReformOctober192003 v5.pdf.

Fouts, J., M. Abbott, and D. Baker. May 2002. "Bridging the Opportunity Gap : How Washington Elementary Schools are Meeting Achievement Standards" (Research Report No.2). Seattle, WA : Washington School Research Center, Seattle Pacific University.

Fouts, J. and Carol S. Brown. January 2002. "Mathematics Helping Corp 2001 Final Evaluation Report" prepared for the Office of the Superintendent of Public Instruction, Washington State. Fouts & Associates, LLC. Retrieved June 27, 2008, from http : //spu.edu/orgs/research/MHCFinalReport2001.pdf.

Frankenstein, Marilyn.(n.d.). "The Critical Mathematics Educators Group (CMEG) : Atte mpting to Connect Anti-capitalist Work with Mathematics Educa-tion" Retrieved Fe bruary 2, 2007, from www.nottingham.ac.uk/csme/meas/plenaries/frankenstein.html.

Fredrickson, Terry. 2002. "British Education in a Thai Environment" Bangkok post lea-rning post. Retrieved February 9, 2007, from www.bangkokpost.net/education.

Fullan, M. 1993. *Change Forces : Probing the Depths of Educational Reform*. London : Falmer Press.

___. 2001. *The New Meaning of Educational Change*, 3rd edition. New York : Teachers College Press.

___. 2003. *Change Forces with a Vengeance*. London : Routledge Palmer.

___. 2008. *The New Meaning of Educational Change*, 4th edition. New York : Teachers College Press.

___. 2008. "School Leadership's Unfinished Agenda" *Education Week*, April 7, 2008. Retrieved April 22, 2008, from www.edweek.org/ew/articles/2008/04/09/32fullan.h27.html.

Garelick, Barry. 2006. "Miracle Math" Retrieved February 15, 2007, from www.hoover.org/publications/ednext/38533357.html.

Greenberg, Julie and Kate Walsh. 2008. "No Common Denominator" National Council for Teacher Quality. Retrieved July 11, 2008, from www.nctq,org.

Greene, Elizabeth. 2000. *Chronicle of Higher Education*.

Grouws, Douglas A. and Kristin J. Cebulla. 2001. "Improving Student Achievement in Mathematics" International Academy of Education, UNESCO. Lausanne, Switzerland.

Hall, Daria and Shana Kennedy. 2006. *Primary Progress, Secondary Challenge : A State-by-Stat*e Look at Student Achievement Patterns. The Education Trust, March 2006. http://www2.edtrust.org/NR/rdonlyres/15B22876-20C8-47B8-9AF4-FAB148A225AC/0/PPSCreport.pdf.

Hanlon, Ginger. 1998. "Dutch Constructivist Methods in Elementary School Mathematics" Retrieved February 6, 2007, from web.archive.org/web19981202015209/www.bestpraceduc.org/DiscoveryGrants1996/.

Harper, James. 2001. "Mathematics Education Dialogues : Some Thoughts on Why Japanese Students Are Better than US Students on International Mathematics Assessments" Retrieved February 16, 2007, from www.nctm.org/dialogues/2001-11/20011107.html.

Hiebert, James. (n.d.) "What Research Says about the NCTM Standards" in "High School Physics Enrollment Hits Record High" Science Daily. Retrieved April 26, 2007, from www.sciencedaily.com.

Hill, H. C., and D. L. Ball. 2004. "Learning Mathematics for Teaching : Results from California's Mathematics Professional Development Institutes" *Journal for Research in Mathematics Education*, 35 (5) : 330-351.

Hill, H. C., B. Rowan, and D. Ball. 2005. "Effects of Teachers' Mathematical Knowledge for Teaching on Student Achievement" *American Educational Research Journal*, 42(2) : 371-406.

Holmes Group. 1986. *Tomorrow's Teachers*. East Learning, MI : The Holmes Group, Inc.

Howson, Geoffrey. "The Value of Comparative Studies" cited in G. Kaiser, E. Luna, and I. Huntley, eds., *International Comparisons in Mathematics Education*, pp.165-188. London : Falmer Press.

Hyerle, D. 1996. *Visual Tools for Constructing Knowledge*. Alexandria, VA : Ingersoll, R. June 1998. "The Problem of Out-of-Field Teaching" Retrieved October 2, 2007, from http : //www.pdkintl.org/kappan/king9806.html.

International Association for the Evaluation of Educational Achievement (n.d.). "Brief History of the IEA" Retrieved February 21, 2007, from www.iea.nl/brief_history_of_iea.98.html

*International Journal for Mathematics Teaching and Learning*. Bibliography. Retrieved February 12, 2007, from www.cimt.plymouth.ac.uk/journal/default.html.

Issacs, A., W. M. Carroll, and M. Bell. 1997. "A Research-based Curriculum : The Research Foundations of the USCMP Everyday Mathematics Curriculum" Available from Everyday Learning Corporation. Retrieved June 19, 2008, from http : //www.edvisors.com/Detailed/Products_and_Services/Curriculum/Everyday_Learning_Corporation-30427.html.

Joiremanm J., and M. Abbott. January 2004. "Structural Equation Models Assessing Relationships Among Student Activities, Ethnicity, Poverty, Parents' Education, and Academic Achievement" (Technical Report No.6). Seattle, WA : Washington School Research Center, Seattle Pacific University.

Kaiser, Gabriele, Eduardo Luna, and Ian Huntley, eds. 1999. "International Comparisons in Mathematics Education" *Studies in Mathematics Education*, series 11. London : Falmer Press.

Keele University. (n.d.) Cognitive Acceleration in Mathematics Education. www.keele.ac.uk/depts/ed/cpdactivities/came-docs/thinking%20about%20joining%20CAME@KEELE.pdf(accessed January 27, 2007).

Keitel, Christine and Jeremy Kilpatrick. 1999. The Rationality and Irrationality of International Comparative Studies. In Kaiser, Luna, and Huntley (1999).

Kitchen, Richard S., J. DePree, S. Celedon-Pattichis, and J, Brinker-hoff. 2007. *Mathematics Education at Highly Effective Schools that Serve the Poor : Strategies for Change*. New Jersey : Routledge.

Klein, David. 2003. "A Brief History of American K-12 Mathematics Education in the 20 th Century" Retrieved July 2, 2008, from www.cnue.edu/~vmcth00m/AHistory.html. 2005. "The State of State Math Standards" Thomas B. Fordham Foundation, January 2005. http : //www.edexcellence.net/issues/results.cfm?withall=the+state+of+state+math+standards+2005&search_btn.x=21&search_btn.y=10.

Kloosterman, Peter, and Frank K. Lester, eds. 2007. "Results and Interpretations of the 2003 Mathematics Assessment of the National Assessment of Education Progress. Reston, VA : The National Council of Teachers of Mathematics.

Koblitz, N. 1996. "The Case Against Computers in K-13 Math Education (Kindergarten through Calculus)" Retrieved February 5, 2007, from www.math.washington.edu/koblitz/mi.html

Krainer, Konrad. (n.d.) "Theory and Practice : Facilitating Teachers' Investigation into Their Own Teaching : Reflection on Barbara's Teaching Experiment" European Research in Mathematics Education III. Retrieved from Konrad. Krainer@uni-klu.ac.at.

Lam, Louisa.(n.d.). "Mathematics Education Reform un Hong Kong" Retrieved January 29, 2007, from www.math,unipa.it~grim/SiLamPDF

Learning Technologies and Mathematics Middle East Conference, Sultan Qaboos University, Muscat, Oman. 2007. Retrieved February 2, 2007, from www.math.arizona.edu.

Loveless, Tom. 2006. *The 2006 Brown Center Report on American Education : How Well Are American Students Learning?* Washington DC : The Brookings Institution. Retrieved February 6, 2007, from http : //www.brookings.edu/gs/brown/bc_report/2006/2006report.pdf.

Luitel, Bal Chandra and P. C. Taylor (n.d, under review.) "Envisioning Transition toward Transformative Mathematics Education : A Nepali Educator's Autoethnographic Perspective" In J. Earnest and D. Treagust, eds., *Educational Change and Reconstruction in Societies in Transition : International Perspectives*. Perth : Black Swan.

Ma, Liping. 1999. *Knowing and Teaching Elementary Mathematics : Teachers' Understanding of Fundamental Mathematics in China and the United States*. Mahwah, NJ : Lawrence Erlbaum Associates.

Macnab, Donald S. 2000. "Forces for Change in Mathematics Education : The Case of TIMMS" *Education Policy Analysis Archives* 8(15) : 1-18.

Mallinson, Philip. Personal communication, Seattle, WA, July 18, 2007.

Martin, B. and B. Crowell. 2000. "Historical Change : Missouri Moves into the Millenium" *The Delta Kappa Gamma Bulletin* 66(2) : 50-56.

Mass Insight Education and Research Institute. April 2004. "More Math, Please : The Surprising Consensus on Math among Parents, the Public, and Business Leaders in Two 'New Economy' States" Retrieved February 6, 2007, from http : //www.massin-sight. org/docs/MoreMathPlease.pdf.

___. May 2004. "Lessons from the Front Lines of Standards-based Reform : Four Benchmarks for an Effective State Program" Retrieved February 7, 2007, from http://w.massinsight.org/docs/Lessons-Learned.pdf.

Math Solutions Professional Development. 2008. "Five-Day Courses" http : //www.math solutions.com/index.cfm?page=wp8&crid=15.

McDuffie, Amy Roth. 2004. "Mathematics Teaching as a Deliberate Practice : An Investi gation of Elementary Pre-service Teachers; Reflective Thinking During Student Teac hing" *Journal of Mathematics Teacher Education* 7(1) : 33-61. Retrieved March 10, 2008, from http : //education.wsu.edu/directory/faculty/rothmcduffiea/.

___. 2005. "The Teacher as Researcher" In K. Appleton, ed., *Elementary Science Teacher Education : Contemporary Issues an*d Practices. Hillsdale, NJ : Lawrence Erlbaum Associates. Retrieved March 10, 2008, from http : //education.wsu.edu/directory/fac ulty/rothmcduffiea/.

McNaught, Melissa and Seoung Joun Won. October 2006. "The Consistency of Views an d Practices of U.S. and South Korean Mathematics" Retrieved January 24, 2007, fro m www.iea.nl/fileadministrator/user_upload/IRC2006/IEA_Program/TIMSS/Mcnaug ht_Won.pdf.

Memorandum to Presidential Commission of Enquiry into Education. [Zimbabwe]. Retrie ved February 5, 2007, from www.uz.ac.zw/science/maths/zimahs/41/edcomm.html.

Mina, Fayez and Alan Rogerson. 2007. "Mathematics Education into the 21st Century Project" *Proceedings of conferences of 21st Century Project*. Retrieved February 6, 2007, from www.math.unipa.it/~grim/21project.html.

Monk, D. H. 1994. "Subject Matter Preparation of Secondary Mathematics and Science Teachers and Student Achievement" *Economics of Education Review* 13(2) : 125-145.

Montiero, C. E. F. and M. M. F. Pinto. (n.d.) "challenges Facing the Teaching of Mathem atics Student Teachers" Retrieved January 28, 2007, from www.weizmann.ac.il/G-m ath/ICMI/Pinto_Marcia_ICMI_prop.doc.

National Assessment of Educational Progress. "NAEP : The Nation's Report Card" (n.d.) Retrieved September 20, 2007, from http : //nationsreportcard.gov/about_nrc.asp.

National Center for Education Statistics. 1999. "Education Indicators : An International P erspective" Retrieved February 2, 2007, from neces.ed.gov/surveys/international/intli ndicators/index.asp.

___. January 1999. "Teacher Quality : A Report on the Preparation and Qualifications of Public School Teachers" Retrieved October 2, 2007, from http : //nces.ed.gov/surveys/ frss/publications/1999080/index.asp

___. (n.d.) "What is TIMMS?" Retrieved September 19, 2007, from http：//nces.ed.gov/timss/faq.asp.

National Commission on Excellence in Education. 1983. *A Nation at Risk：The Imperative for Educational Reform*. Washington, DC.：Government Printing Office. http：//www.ed.gow/pubs/NatAtRisk/risk.html.

National Commission on Teaching and America's Future. 1997. *Doing What Matters Most：Investing in Quality Teaching*. New York：NCTAF.

National Council of Teachers of Mathematics. 1980. *An Agenda for Action*. Reston, VA:CTM.

___. 1989. *Curriculum and Evaluation Standards for School Mathematics*. Reston：VA：NCTM.

___. 1991. *Professional Standards for Teaching Mathematics*. Reston, VA：NCTM.

___. 1995. *Assessment Standards for School Mathematics*. Reston, VA：NCTM.

___. 2000. *Principles and Standards for School Mathematics*. Reston, VA：NCTM.

___. 2003. *A Research Companion to Principles and Standards for School Mathematics*. Reston, VA：NCTM.

___. 2005. *Standards and Curriculum：A View from the Nation*. Reston, VA：NCTM.

___. 2006. *Curriculum Focal Points for Prekindergarten through Grade 8 Mathematics：A Quest for Coherence*. Reston, VA：NCTM.

National Mathematics Advisory Panel. 2008. "Foundations for Success：The Final Report of the National Mathematics Advisory Panel" Washington, DC：U.S. Department of Education.

National Research Council. 1999. *Teaching, Testing, and Learning：A Guide for States and School Districts*. R. F. Elmore and R. Rothman, eds.. Washington, DC：National Academy Press. Retrieved July 10, 2007, from http：//books.nap.edu/catalog/9609.html.

___. 1999a. *How People Learn：Brain, Mind, Experience, and School. Committee on Developments in the Science of Learning*. J. D. Bransford, A. L. Brown, and R. R. Cocking, eds. Commission on Behavioral and Social Sciences and Education. Washington, DC：National Academy Press.

___. 1999b. *How People Learn：Bridging Research and Practice*. Committee on Developments in the Science of Learning. M. S. Donnovan, J. D. Bransford, and W. Pellegrino, eds. Commission on Behavioral and Social Sciences and Education. Washington, DC：National Academy Press.

___. 2001. *Adding It Up : Helping Children Learn Mathematics*. J. Kilpatrick, J. Swafford, and B. Findell, eds. Mathematics Learning Study Committee, Center for Education, Division of Behavioral and Social Sciences and Education. Washington, DC : National Academy Press.

Newmann, F.M. and G. G. Wehlage. 1993. "Standards of Authentic Instruction" *Educational Leadership*, 50(7) : 8-12.

Nicholas Bourbaki. (n.d.) Retrieved February 5, 2007, from en.wikipedia.org/wiki/Bourbaki.

North Central Regional Educational Laboratory, (n.d.) "Constructivist Teaching and Learning Models" Retrieved January 29, 2007, from www.ncrel.org/sdrs/areas/issues.

NYC HOLD. 2007. "A Quality Math Curriculum in Support of Effective Teaching for Elementary Schools" published January 3, 2007, by Educational Studies in Mathematics, retrieved September 26, 2007, from http : //www.nychold,.com/.

Ocken, Stanley. 2007. "Reflections on the NCTM Focal Points" Retrieved April 26, 2007, from www.nychold.com/.

Office of the Governor, State of Washington. News release. Retrieved April 14, 2008, from http://www.governor.wa.gov/news/news-view.asp.

Olson, Lynn. 2007. "Ontario Pins Hopes on Practices, Not Testing, to Achieve" *Education Week*, October 24. Retrieved January 3, 2008, from www.edweek.org/ew/articles/2007/10/24/09ontario.h27.

Orey, D. C. and K. T. Nguyen. (n.d.). Working title : "The Ethnomathematics of Vietnamese Algorithms" Retrieved January 29, 2007, from www.csus.edu/indiv/o/oryd.

Orey, Daniel Clerk and Milton Rosa. 2006. "Ethnomathematics : Cultural Assertions and Challenges toward Pedagogical Action" *The Journal of Mathematics and Culture* 1(1).

Partnership for Learning. February 2007. News release. Retrieved February 12, 2007, from http : //www.partnership4learning.org/eBriefing/matheview/.

Penjore, ugyen. 2007. "New Mathematics Textbooks" Kuensel online : Bhutan's daily news site. January 29, 2007.

Peterson, k., and M. Abbott. July 2005. "The Power of Early Success 1998-2004 : A Follow-up Study on the Determinants of Student performance" (Research Report No. 8). Seattle Pacific University.

Platter, Linda. July 2007. *Report : Washington State Mathematics Standards Review and Recommendations*. Millersville, MD : Strategic Teaching. www. strategicteaching.com.

Raimi, Ralph. 2006. "Recent Events in French Education" Retrieved February 16, 2007, from www.math.rochester.edu/people/faculty/rarm/slecc9.html,

RAND Mathematics Study Panel, Deborah L. Ball, chair. 2003. "Mathematical Proficiency for All Students : Toward a Strategic Research and Development Program in Mathematics Education" RAND Education.

Ravitch, Diane. 2005. "Ethnomathematics : Even Math Education Is Being Politicized" *Wall Street Journal Opinion Journal*. Retrieved January 29, 2007, from www.opinio njournal.com/extra/?id=110006873.

Reasoning Mind. (n.d.). "Highlights of the RM Methodology in Math Education" Retriev ed February 7, 2007, from www.reasoning-mind.org/philoshophy/highlights.php3.

Reische, Jim. (n.d.) School of Education, University of Michigan Research and Outreach. Retrieved May 19, 2008, from http : //www.soe.umich.edu/adifference/cohenhill/ind ex.html.

Reys, Robert. 2002. "Reform Math Education" *Christian Science Monitor*, November 15, 2002. Retrieved October 23, 2007, from http://mathematicallysane.com/analysis/mat hedreform.asp/,

Rho, Jane. (n.d.). "Korean versus American Elementary Education" Retrieved February 15, 2007, from www.sitemaker.umich.edu/rho.356/mathematics_curriculum.

Rice, Jennifer King. 2003. *Teacher Quality : Understanding the Effectiveness of Teacher Attributes*. Washington, D.C. : Economic Policy Institute.

Richardson, Kathy. July 3, 2008. Personal communication.

Riordan, Julie E. and P.E. Noyce. 2001. "The Impact of Two Standards-based Mathematics Curricula on Student Achievement in Massachusetts" *Journal for Research in Mathematics Education* 32(4) : 368-398.

Rosen, L. 2000. "Calculating Concerns : The Politics of Representation in California's 'Math Wars'" Unpublished doctoral dissertation. University of California, San Diego. [Quoted in Schoenfeld, 2004]

Rotberg, Iris. (n.d.). "How We Measure Up : Is American Math and Science Education in Decline?" *New Atlantis*. Retrieved February 12, 2007, from www.thenewatlantis.com/ archive/9/soa/education.html.

___. 1998. "Interpretation of international Test Score Comparisons" *Science*, May 15, 1998, 280 : 1030-1031.

Schmoker, Mike. 2006. *Results Now : How We Can Achieve Unprecedented Improvements in Teaching and Learning*. Alexandria, VA : Association for Supervision and Curriculum Development.

Schoenfeld, A.H. 2002. "Making Mathematics Work for All Children : Issues of Standards, Testing and Equity" *Educational Researcher* 31 (1) : 13-25.

Schoenfeld, Alan H. 2004. "The Math Wars" *Educational Policy* 18 (1) : 253-286.

Sfard, Anna. 2003. "Balancing the Unbalanceable : The NCTM Standards in Light of Theories of Learning Mathematics" in *A Research Companion to Principles and Standards for School Mathematics*. Reston, VA : National Council of Teacher of Mathematics.

Shanghai Jiao Tong University.(n.d) "World's Top Universities" Retrieve from www.edu.sjtu.edu.cn/rank.

Silicon Valley Mathematics Initiative. 2006. "Pedagogical Content Coaching" retrieved November 1, 2007, from http : //www.noycefdn.org/math/ documents/PedagogicalContent Coaching.pdf

Smaller Learning Communities 2006 Leadership Institute. "What Is a Mathematics Coach or Mentor?" Retrieved November 1, 2007, from http : //www.nwrel.org/scpd/sslc/institutes_2007/documents/forum_2/chase/mathematics_coach.pdf.

Smith, Karen C, 1993. *Developmentally Appropriate Practices in Mathematics*. Portland, OR : The Oregon Mathematics Teacher.

Staats-Usher, Lisa. Los Angeles County Office of Education, Downey, CA. Interview, August 2007.

Stanic, G. M. A. 1987. "Mathematics Education in the United States at the Beginning of the Twentieth Century" In Thomas S. Popkewitz, ed., *The Formation of School Subjects : The Struggle for Creating an American Institution*, pp.147-183. New York : Falmer.

Starr, Linda. 2005. "Math Education in the US, Germany, and Japan : What Can We Learn from This?" Retrieved January 25, 2007, from www.educationworld.com.

Stehlikova, Nada and Hejny, Milan. 1999. "The Teacher-The Decisive Agent in the Quality of Teaching" Retrieved April 17, 2007, from userweb.pdef.cuni.cz/kmdm/katedra/prednasky/09.html.

Stevenson, H. W. and J. Stigler. 1992. "Why Our Schools are Failing and What We Can Learn from Japanese and Chinese Education" The Learning Gap. New York : Summit Books.

Stigler, James and James Hiebert. 1997. "Understanding and Improving Classroom Mathematics Instruction : An Overview of the TIMSS Video Study" Phi Delta Kappan, vol.78,p.1.

___. 1999. *The Teaching Gap : Best Ideas from the World's Teachers for Improving Education in the Classroom*. New York : The Free Press.

Stroh, H., Jeffrey T. Fouts, and Canadace C. Gratama. May 2007. "Washington State High School Graduates' College Eligibility, College Attendance, and Persistence Rates : Graduating Classes of 2004 and 2005" prepared for the Bill & Melinda Gates Foundation, Seattle, WA. Fouts & Associates, LLC.
http : //www.spu.edu/orgs/research/WA%20Transcripts%20and%20NSC%20 report%204-02-07%20with%20appendices%20FINAL.pdf.

Sutherland, P. 1992. *Cognitive Development Today : Piaget and His Critics*. London : Paul Chapman Publishing Ltd.

Third International Math and Science Study. 2003. "Results. National Center for Education Statistics (IES)" Retrieved September 25, 2007, from http : //nces.ed.gov/timss/results03.asp.

___. 2003. "Tables. National Center for Education Statistics(IES)" Retrieved January 5, 2007, from www.nces.ed.gov/timss/TIMSS03Tables.asp.

Treisman, Phillip Michael (Uri). 1985. A Study of the Mathematical Performance of Black Students at the University of California, Berkeley.

Treisman, Uri. 1992. "Studying Students Studying Calculus : A Look at the Lives of Minority Mathematics Students in College" *College Mathematics Journal* 23(5) : 362-372.

Uddin, Moshin. (n.d.). "Numeracy in Bangladesh : Terminal Competencies of Mathematics at Primary Education" Hiroshima University Graduate School for International Development and Cooperation.

U.S. Department of Education. National Center for Education Statistics. 1996b. "Out-of-field Teaching and Educational Equality" Statistical Analysis Report No. 96-040, by Richard M. Ingersoll. Washington, Dc : U.S. Government Printing Office.

University of Wisconsin, Milwaukee, School of Education : Center for Mathematics and Science Education Research. "Content-focused Coaching and Leadership : Developing School Teams as Professional Learning Communities for Mathematics" Retrieved November 1, 2007, from http : //www.soe.uwm.edu/pages/welcome/ Centers/ Center_for_Mathematics
_Science_ED.pdf.

Van de Walle, John A. 1999. Presentation for the 77th Annual Meeting of NCTM on April 23, 1999. “Reform Mathematics vs. The Basics : Understanding and Conflict and Dealing with It” Retrieved October 23, 2007, from http : //www.mathematically-sane.com/.

___. 2007. *Elementary and Middle School Mathematics : Teaching Developmentally*, 6th ed. Boston : Pearson Education, Inc.

Van den Heuvel-Panhuizen, M. 2000. “Mathematics Education in the Netherlands : A Guided Tour” Freudenthal Institute CD-Rom for ICEM0. Utrecht : Utrecht University.

Vasco, Carlos E. 1999. “A Brief Report on the Tenth Inter-American Conference on Mathematics Education” The International Commission on Mathematics Instruction (ICMI), Bulletin No. 47.

Vergano, D. 1996. “Science and Math Education : No Easy Answer” Science News, November 30, 1996, 15(22) : 341.

Warfield, Verginia, April/May 2007. “New Math vs. Reform Math” *Newsletter of the Association for Women in Mathematics.* Retrieved October 31, 2007, from http : //www.math.washington.edu/~warfield/news/news139.html.

___. September 18 2007. Personal communication, Seattle, WA.Washington Association of Colleges for Teacher Education (WACTE). November 2006. “Improving Success in Mathematics : Research and Projects Underway in the State of Washington” Retrieved March 7, 2008, from www.wacte.org/mathmethods.

*Washington Learns : World-Class, Learner-Focused, Seamless Education.* November 2006. Retrieved March 10, 2008, from http : //www.washington learns.wa.gov/report /Final Report.pdf.

“Washington State Mathematics Standards” Retrieved April 1, 2008, from http : //www .utdanacenter.org/wamathrevision/standards.php.

West Ed : Schools Moving Up. “Math Matters” Retrieved November 1, 2007, from htt p : //www.wested.org/pub/docs/625.

Widjaja, Yenni. 2004. “An MBL Mathematics Project in Indonesia” Retrieved January 25, 2007, from www.science.uva.nl/research/amstel/masters/index.

Wilson, B., M. Abbott, J. Joireman, and H. Stroh. November, 2002. “The Relations Among School Environment Variables and Student Achievement : A Structural Equation Modeling Approach to Effective Schools Research” (Technical Report No.4). Seattle, WA : Washington School Research Center, Seattle Pacific University.

"World Mathematical Year 2000" Retrieved January 25, 2007, from www.wmy2000.math.jussieu.fr.

Wu, Hung-Hsi. 1999. "Basic Skills versus Conceptual Understanding : A Bogus Dichotomy in Mathematics Education" American Educator, journal of the American Federation of Teachers, Fall 1999.

Zanzali, Noor Azlan Ahmad. 2003. "Implementing the Intended Mathematics Curriculum : Teachers' Beliefs about the Meaning and Relevance of Problem Solving" Proceedings of the International Conference, The Decidable and the Undecidable in Mathematics Education. Brno, Czech Republic. September 2003.

Zulkardi. (n.d.) "How to Design Mathematics Lessons Based on the Realistic Approach" Retrieved January 25, 2007, from www.geocities.com/ratuilma/rme.html.

Zulkardi, N. Nieven, J. Van Den Akker, and J. De Lange. (n.d.) "Implementing a 'European' Approach to Mathematics Education in Indonesia through Teacher Education"

## Additional Websites


"Comparison of Hong Kong and United States Schools" Retrieved February 16, 2007, from sitemaker.umich.edu/li356/math_education.

"Constructivism in the Classroom. Mathematics Education" Retrieved January 29, 2007, from www.mathforum.org/mathed/constructivism.html.

Curriculum Review : Singapore Math Grades 1-3. Retrieved February 15, 2007, from www.welltrainedmind.com/J)1singapore.html.

"Ethnomathematics : An Absolutely Essential Key for Mathematics Education" 1998 Retrieved January 29, 2007, from www.dm.unipi.it/~jama/ethno/.

"Ethnomathematics-A Rich Cultural Diversity" (n.d.). Nova : Science in the News. Retrieved January 29, 2007, from www.science.org.au/nova/073/073key.html.

Mathematically Correct website. www.mathematicallycorrect.com.

Mathematics Case Study Project. (n.d.) http : //www.mcsp.ewu.edu/(accessed March 10, 2008).

"Mathematics Education Bibliography" 1997. Retrieved February 2, 2007, from www.nottingham.ac.edu/csme/booklist.html.

Mathematics Education Collaborative. 2008. http : //www.mec-math.org/(accessed June 27 and July 10, 2008).

Mathematics Education in the 21st Century Project. (n.d.). http : //math.unipa.it/~grim/21 project.htm (accessed June 16, 2008).

Mathematics Education Collaborative (MEC). http : //www.mec-math.org/ (accessed June 27, 2008).

National Board for Professional Teaching Standards. 2008. http : //www.nbpts.org/

National Council for Accreditation of Teacher Education (NCATE). http : //www.ncate.org/

Partnership for Reform in Secondary Science and Mathematics. http : www.vancouver.wsu.edu/ programs/edu/prism/index.htm(accessed March 10, 2008).

# Index

**[ㅇ]**



**[ㅈ]**



**[ㅊ]**



**[ㅍ]**



**[ㅎ]**

# 수학 전쟁에서 승리하기

2016년 7월 15일 초판 인쇄
2016년 7월 20일 초판 발행

저 자 Martin Abbott, Duane Baker,
Karen Smith, Thomas Trzyna
역 자 박성선
발행자 오판근
발행처 교우사

주 소 서울특별시 동대문구 약령시로 8 교우빌딩 2층
전 화 925-2861~2, 편집부 / 925-2825, 홈쇼핑 / 969-5762
팩 스 925-2860

E-mail kyowoo@kyowoo.co.kr
홈페이지 http://www.kyowoo.co.kr
북스토어(쇼핑몰) http://www.kyowoo.co.kr

등 록 1994. 3. 24 제6-0256호

ISBN 979-11-251-0162-8
값 13,000원